Heiner Pinke

Murmeltierwelt und Pascal

Programmieren von Mikrocomputern

Die Bände dieser Reihe geben den Benutzern von Heimcomputern, Hobbycomputern bzw. Personalcomputern über die Betriebsanleitung hinaus zusätzliche Anwendungshilfen. Der Leser findet wertvolle Informationen und Hinweise mit Beispielen zur optimalen Ausnutzung seines Gerätes, besonders auch im Hinblick auf die Entwicklung eigener Programme.

Bisher erschienene Bände

Band 1 **Einführung in BASIC**
von W. Schneider

Band 3 **BASIC für Fortgeschrittene**
von W. Schneider

Band 4 **Einführung in Pascal**
von W. Schneider

Band 6 **BASIC-Programmierbuch zu den grundlegenden Ablaufstrukturen der Datenverarbeitung**
von E. Kaier

Band 7 **Lehr- und Übungsbuch für Commodore-Volkscomputer**
von G. Oetzmann

Band 9 **Einführung in die Anwendung des Betriebssystems CP/M**
von W. Schneider

Band 10 **Datenstrukturen in Pascal und BASIC**
von D. Herrmann

Band 11 **Programmierprinzipien in BASIC und Pascal**
von D. Herrmann

Band 12 **Assembler-Programmierung von Mikroprozessoren (8080, 8085, Z 80) mit dem ZX Spectrum**
von P. Kahlig

Band 13 **Strukturiertes Programmieren in BASIC**
von W. Schneider

Band 14 **Logo-Programmierkurs für Commodore 64 Logo und Terrapin Logo (Apple II)**
von B. Schuppar

Band 15 **Entwerfen von Programmen (Commodore 64)**
von G. Oetzmann

Band 16 **Einführung in die Anwendung des Betriebssystems MS-DOS**
von W. Schneider

Band 17 **Einführung in die Anwendung des UCSD p-Systems**
von K. Buckner/M. J. Cookson/A. I. Hinxman/A. Tate

Band 18 **Mikrocomputer-COBOL**
von W. Kähler

Band 19 **Fortgeschrittene Programmiertechniken in Turbo Pascal**
von E. Hering und K. Scheurer

Band 20 **Einführung in die Anwendung des Betriebssystems Apple DOS (Apple II)**
von H. R. Behrendt und H. Junghans

Band 22 **Einführung in Turbo Pascal unter CP/M 80**
von G. Harbeck

Band 23 **Pascal mit der Turtle**
von K. und K. H. Beelich

Band 24 **Programmieren mit UNIX**
von G. Martin und M. Trostmann

Band 25 **Murmeltierwelt und Pascal**
von H. Pinke

Programmieren von Mikrocomputern Band 25

Heiner Pinke

Murmeltierwelt und Pascal

Eine Einführung in das strukturierte Programmieren

Friedr. Vieweg & Sohn Braunschweig / Wiesbaden

CIP-Kurztitelaufnahme der Deutschen Bibliothek

Pinke, Heiner:
Murmeltierwelt und Pascal: e. Einf. in d. strukturierte Programmieren / Heiner Pinke. – Braunschweig; Wiesbaden: Vieweg, 1987.
(Programmieren von Mikrocomputern; Bd. 25)
ISBN-13: 978-3-528-04439-8 e-ISBN-13: 978-3-322-89422-9
DOI: 10.1007/978-3-322-89422-9

NE: GT

Das in diesem Buch enthaltene Programm-Material ist mit keiner Verpflichtung oder Garantie irgendeiner Art verbunden. Der Autor und der Verlag übernehmen infolgedessen keine Verantwortung und werden keine daraus folgende oder sonstige Haftung übernehmen, die auf irgendeine Art aus der Benutzung dieses Programm-Materials oder Teilen davon entsteht.

1987

Additional material to this book can be downloaded from http://extras.springer.com.

ISBN-13: 978-3-528-04439-8

Inhalt

Einführung

Der Computer ist eine **Maschine.** Das bedeutet, daß er nichts auf eigene Initiative hin macht, sondern es ist der Mensch, der ihn bedient und ihn mittels **Befehlen** dazu anleitet, bestimmte Aktionen zu vollziehen. Eine entsprechend komplexe Befehlsfolge kann ihn allerdings dazu befähigen Probleme zu lösen, die aufgrund des hohen Zeitaufwandes ohne ihn gar nicht lösbar wären. Damit der Computer die an ihn gerichteten Befehle "versteht", müssen sie in einer geeigneten Sprache verfaßt sein. Da es sich beim Computer um eine Maschine handelt, wird die zugehörige Sprache auch **Maschinensprache** genannt. Diese Sprache ist aber für einen Menschen relativ schwer zu erlernen, da sie genaue Kenntnisse über den internen Aufbau des Rechners voraussetzt. Zudem muß der Maschinensprachen-Programmierer sehr maschinennah denken. Das bedarf des Trainings und sollte deshalb nicht Grundlage eines einführenden Kurses sein.

Aus diesem Grunde wurden die **höheren Programmiersprachen** entwikkelt, da sich mit ihnen Problemlösungen relativ problemnah und verständlicher formulieren lassen - verständlicher für den Menschen, nicht für die Maschine, denn das in einer höheren Programmiersprache geschriebene Programm muß vor der Ausführung erst von einem eigens dafür entwickelten Übersetzerprogramm (Compiler) in eine Form gebracht werden, die die Maschine "versteht".

Die höheren Programmiersprachen schlagen eine Brücke zwischen unseren gewohnten Denk- und Sprechweisen, die in **natürlicher Sprache** formuliert werden, und der menschenfernen Maschinensprache. Die Programmiersprache **Pascal** (mit ihren unterschiedlichen Dialekten) stellt ein Beispiel für eine höhere Programmiersprache dar, die geeignet ist, einem Anfänger das Programmierenlernen zu erleichtern, die aber auch mit Erfolg in der professionellen Programmierpraxis eingesetzt wird.

Im folgenden wird der Leser häufig vor das Problem gestellt, dem Computer ein betimmtes Verfahren "beizubringen". Der "Lehrtext" wird dann stets in der Programmiersprache Pascal formuliert.

Im Rahmen dieses Buches bedienen wir uns eines einfachen Programmiermodells, das zunächst einmal viele Detailprobleme beiseite läßt und es gestattet, sich in erster Linie grundlegenden Problemen der Programmiersprache und des Programmierens zuzuwenden. Bei dem Modell handelt es sich um die "Murmeltierwelt", die eine kleine Änderung der bekannten "Hamsterwelt" (siehe:OPPOR, PINKE) darstellt bzw. wie diese auf der Grundlage von "Karel the Robot" (siehe: PATTIS) entwickelt wurde.

Die Murmeltierwelt soll im folgenden dazu dienen, u.a. die beiden folgenden Ziele zu erreichen:

- Das Murmeltier stellt ein Beispiel für einen Prozessor dar, der ähnlich wie die Zentraleinheit eines Computers nur einen sehr begrenzten elementaren Befehlssatz versteht und ausführen kann. Das Murmeltier verhält sich außerdem wie ein Computer, der die ihm gegebenen Befehle in einer bestimmten Reihenfolge nacheinander verarbeitet. Aus diesem Grunde wird durch die Arbeit mit dem Murmeltier ein erster Schritt getan zur Beantwortung der Frage "Was ist und wie arbeitet ein Computer ?".

- Das zugrundeliegende Modell ist sehr anschaulich und wird dazu benutzt, schrittweise die wichtigsten Elemente der Programmiersprache Pascal zu erlernen. Diese werden nach dem jeweiligen Schwierigkeits- bzw. Komplexitätsgrad der vorgestellten Probleme an passender Stelle eingeführt. Ein besonders wichtiges Moment in der Arbeit mit dem Murmeltier bzw. bei der Formulierung der entsprechenden Problemlösungen ist eine gute Verbalisierung der Lösung, das soll heißen, daß die Problemlösungen sehr ausführlich und fast in natürlicher Sprache formuliert werden. Dazu stellt Pascal das wichtige Sprachelement der **PROZEDUR** zur Verfügung, das deshalb auch als erstes neues Sprachelement eingeführt wird.

Im Rahmen des Buches soll auch an einige grundlegende Modelle der Informatik herangeführt werden. Insbesondere die Simulation einer universellen Turingmaschine bzw. einer Registermaschine durch das

Murmeltier zeigt, daß die elementaren Befehle der Murmeltierwelt zusammen mit den grundlegenden Kontrollstrukturen der Programmiersprache PASCAL (im wesentlichen reicht **WHILE ... DO** aus) hinreichen, um jedes algorithmisch lösbare Problem prinzipiell mit dem Murmeltier-Prozessor zu lösen. M.a.W heißt das, daß wir das Murmeltier beliebig intelligent machen können, wobei die Grenzen lediglich prinzipieller Natur sind.

Insgesamt soll das Buch schließlich auch eine allgemeine Einführung in das Proammieren bzw. die zu beachtenden Grundprinzipien des Programmierens darstellen. Der Verfasser hofft, daß es ihm gelungen ist einige ansprechende Beispiele zu finden.

Noch eine kleine Bemerkung zur verwendeten PASCAL-Version scheint angebracht:

Im fortlaufenden Text des Buches wird immer Bezug genommen auf die Apple Pascal Version. Im Anhang wird aber gezeigt, wie man seine Programme auf TURBO Pascal umstellen kann. Es sind dazu nur ganz minimale Änderungen vorzunehmen. Mittlerweile gibt es die

Murmeltierwelt in TURBO-PASCAL, sowohl für CP/M-Rechner als auch für MS-DOS/PC-DOS-Rechner. Eine Version für den Atari 520 st+ wird demnächst folgen. Die zugehörige Software liegt auf Disketten vor. Ebenso finden sich dort auch die Lösungen ausgewählter Übungsaufgaben.

Schließlich möchte ich auch noch meinen Dank an den Verlag aussprechen, der viel Geduld mit mir gehabt hat, da die Fertigstellung dieses Buches aufgrund meiner schulischen Verpflichtungen doch wesentlich mehr Zeit in Anspruch genommen hat als ursprünglich geplant war.

Der größte Dank steht aber meiner Frau Sigrid und meinem Sohn Sebastian zu, ohne deren Verzicht dieses Buch gar nicht entstanden wäre.

1 Erste Schritte in der Murmeltierwelt

1.1 Die Welt Murmels, des Murmeltieres

Die Murmeltierwelt besteht aus einem großen rechteckigen Gebiet, das in einzelne Zellen bzw. Felder eingeteilt ist (siehe Bild 1.1). Es werden zunächst noch keine genauen Angaben darüber gemacht, aus wievielen Einzelfeldern diese Welt besteht, da sie im Prinzip beliebig groß gewählt werden kann. Das Murmeltier selbst wird in Bild 1.1 durch einen Pfeil symbolisiert, der sich auf irgendeinem der Teilfelder befindet. Der Pfeil gibt die **Blickrichtung** des Murmeltieres wieder.

Es gibt vier Blickrichtungen, die man je nach Belieben als "oben", "links", "unten" und "rechts" bzw., mehr georaphisch ausgedrückt, als "Norden", "Westen", "Süden" und "Osten" bezeichnen kann.

Das in Bild 1.1 durch einen Pfeil dargestellte Murmeltier blickt also nach oben bzw. nach Norden. Selbstverständlich kann das Murmeltier während der Ausführung eines Auftrages seine Blickrichtung ändern, ansonsten wäre es ja überflüssig, verschiedene Blickrichtungenzuzulassen.

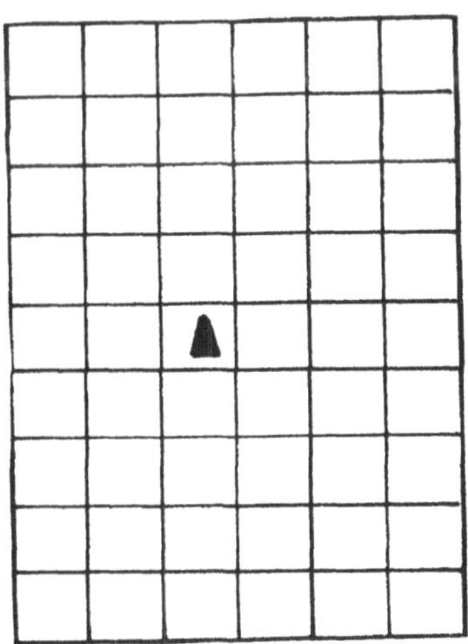

(Bild 1.1)

Eine Richtungsänderung wird bewirkt, indem man dem Murmeltier den Befehl

links

erteilt. Dieser Befehl bewirkt, daß sich das Murmeltier links herum dreht, wobei es das besetzte Feld (im folgenden auch mit

Arbeitsfeld bezeichnet) nicht verläßt. Es ist wichtig, sich zu merken, daß "links" lediglich eine Änderung der Blickrichtung veranlaßt. Die Tabelle 1.1 gibt Auskunft darüber, wie sich die Blickrichtung des Murmeltieres durch die Ausführung des "links"-Befehles ändert.

Blickrichtung vor Ausführung von **links**	Blickrichtung nach Ausführung von **links**
Norden (oben)	Westen (links)
Westen (links)	Süden (unten)
Süden (unten)	Osten (rechts)
Osten (rechts)	Norden (oben)

(Tabelle 1.1)

In manchen Situationen ist es notwendig, daß sich Murmel, so nennen wir im folgenden unser Murmeltier, auch nach rechts wenden kann. Dafür ist allerdings kein eigener Befehl vorgesehen, sondern man muß stets mit dem "links"-Befehl auskommen. Man kann natürlich dennoch den "Rechts-Effekt" erzielen, wie die folgende Übung zeigt:

ÜBUNG 1.1: Wie läßt sich mit Hilfe von Linksdrehungen das Gleiche bewirken, wie mit einer Rechtsdrehung?

Das Murmeltier kann sich nicht nur auf der Stelle drehen, sondern es kann auch in seiner Welt herumwandern. Dieses wird durch den Befehl

vor

bewirkt, der das Murmeltier dazu veranlaßt, sich um ein Feld in Blickrichtung zu bewegen. Dabei ist zu beachten, daß Murmel seine Welt nicht verlassen kann. Steht Murmel etwa am Rande seiner Welt mit Blickrichtung zur Wand und wird ihm der Befehl **vor** erteilt, so bricht er (bzw. der Computer, der die Murmeltierwelt simuliert) seine Arbeit ab.

Das Murmeltier ist auf keine Weise dazu zu bewegen, etwas Verbotenes zu tun. Hier zeigt sich eine weitere Ähnlichkeit zur Arbeitsweise eines Computers, der auch mit Programmabbruch auf einen nicht ausführbaren Befehl reagiert.

Mit den beiden Befehlen **links** und **vor** kann Murmel bereits zu etwas komplizierteren Aktionen bewegt werden:

Beispiel 1: Murmel befindet sich zu Beginn in der linken oberen Ecke seiner Welt mit Blickrichtung "Norden". Er soll den eingezeichneten Weg verfolgen und auf dem mit ● bezeichneten Feld stehenbleiben.

Die Situation ist in Bild 1.2 dargestellt.

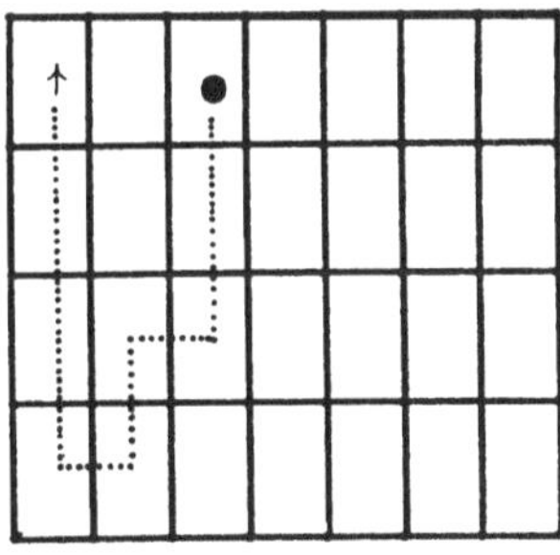

(Bild 1.2)

Die Anweisungsfolge, die dieses Problem löst, ist schnell gefunden. (siehe Tabelle 1.2) Zunächst muß Murmel eine Kehrtwendung machen. Anschließend muß er dreimal den Befehl **vor** ausführen, um nach einer Linkswendung noch einen Vorwärtsschritt zu tun. Es folgen: Linksdrehung, Vorwärtsschritt, Rechtsdrehung, Vorwärtsschritt, Linksdrehung und zum Abschluß noch zweimal der Befehl **vor**. Insgesamt ergibt sich:

```
links;links; (* Kehrtwendung *)
vor;vor;vor;
links;vor;
links;vor;
links;links;links; (* Rechtsdrehung *)
vor;links;
vor;vor;
```

TABELLE 1.2

In Tabelle 1.2 kommt mehrfach ein Zeichen vor, über das wir bislang noch nicht gesprochen haben. Dieses Zeichen ist ein wichtiges Element der Programmiersprache Pascal:

In Pascal-Programmen, und damit auch in Programmen für die Murmeltierwelt, werden die einzelnen Anweisungen durch ein Semikolon getrennt.

Ein fehlendes Semikolon in einem Pascal-Programm führt zu einem Abbruch des Übersetzerprogrammes (Compiler), das dazu dient, das Programm in eine Sprache zu bringen, die von der jeweiligen Maschine "verstanden" wird. Daher sollte man beachten: hinter jede einzelne Anweisung ist ein Semikolon zu setzen! (Wir werden später eine Ausnahme von dieser Regel kennenlernen.)

ÜBUNG 1.2: Murmel befinde sich zu Beginn auf dem mit einem Pfeil versehenen Feld. (Der Pfeil gibt auch Auskunft über die anfängliche Blickrichtung!) Durch welche Anweisungsfolge erreicht er das mit • bezeichnete Feld ? (siehe Bild 1.3)

Die letzte Übungsaufgabe zeigt bereits, daß es nicht nur eine einzige Lösung für ein gestelltes Problem gibt, im allgemeinen gibt es sogar unendlich viele Lösungen. Man wird natürlich immer nach solchen Lösungen suchen, die in einem gewissen Sinne "optimal" sind. Dabei gibt es in der Praxis verschiedene "Optimalitätskriterien", die sich leider zum Teil ausschliessen.

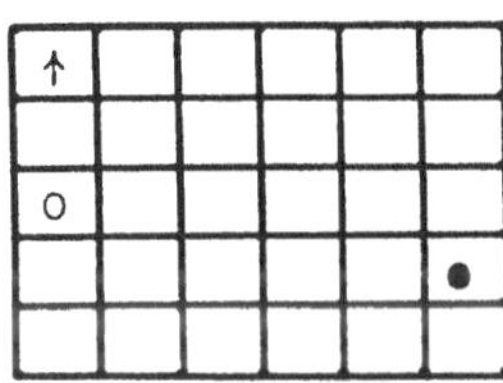

(Bild 1.3)

Übung 1.3: Man schreibe ein anderes Programm zur Lösung des Problems aus Bild 1.3!

Unser Murmeltier sollte in einer vernünftigen Welt auch Futter vorfinden. So kann Murmel also Glück haben und auf einigen Feldern Körner vorfinden, die er in seiner mitgeführten **Einkaufstasche** lagern kann. In Bild 1.3 ist ein Feld, das mindestens ein Korn enthält durch das Symbol "o" gekennzeichnet. Es wird ausdrücklich darauf hingewiesen, daß das Symbol "o" nicht nur für ein Korn steht, sondern daß sich auf dem betreffenden Feld auch mehrere Körner befinden können.

Befindet sich Murmel auf einem Feld mit mindestens einem Korn, so können wir ihn mit Hilfe des Befehls

nimm

dazu veranlassen, eines dieser Körner aufzunehmen und in seiner Tasche zu lagern. Der Befehl **nimm** führt zu einem Abbruch der Arbeit, wenn er nicht ausgeführt werden kann, also dann, wenn sich Murmel auf einem leeren Feld befindet.

ÜBUNG 1.4: Man erweitere das Programm aus Übung 1.3 so, daß Murmel auf seinem Weg auch noch das Korn einsammelt, das in Bild 1.3 dargestellt ist.

Wer ernten will, der muß vorher säen. Daher gibt es auch noch den Befehl

gib

der Murmel dazu veranlaßt, ein Korn aus seiner Tasche zu nehmen und es auf demjenigen Feld abzulegen, auf dem er gerade steht. Dieser Befehl kann natürlich nur dann ausgeführt werden, wenn die Einkaufstasche nicht leer ist. Anderenfalls erfolgt eine Fehlermeldung und Murmel bricht seine Arbeit ab. Wir müssen daher bei der Programmierung darauf achten, daß Murmel den Befehl "gib" nur dann bekommt, wenn er ihn auch ausführen kann.

ÜBUNG 1.5: Murmel soll das in Bild 1.4 stark umrandete Gebiet mit Körnern füllen. Dabei kann man davon ausgehen, daß sich genügend Körner in der Einkaufstasche befinden.

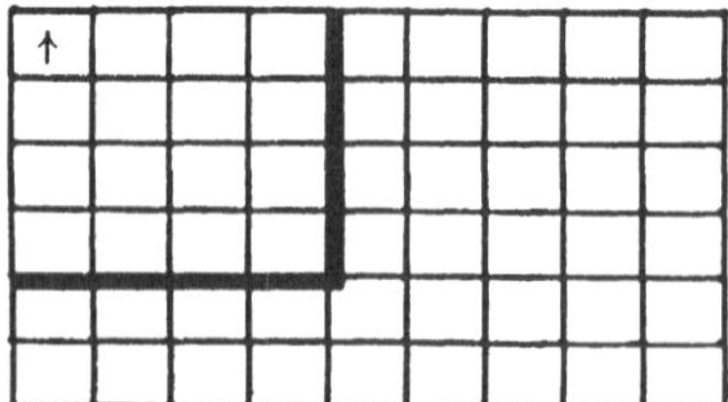

(Bild 1.4)

Übung 1.6: Auf dem Startfeld Murmels liege ein Korn. Murmel soll es aufnehmen, in das mit ● gekennzeichnete Feld tragen und dort ablegen. Anschließend soll er zum Startfeld zurückkehren.

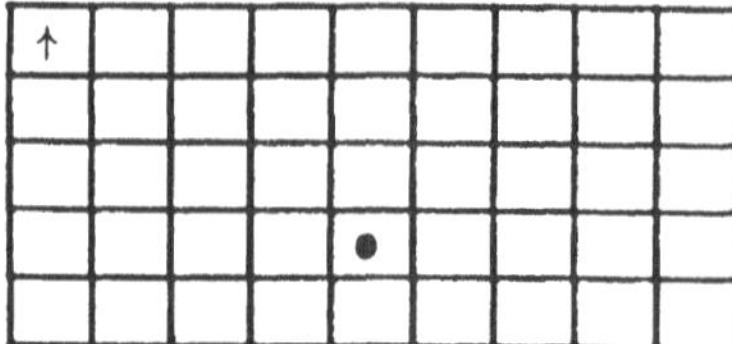

(Bild 1.5)

1.2 Wie bringt man Murmel zum Laufen?

Vorbemerkung: Nachdem wir eine Reihe von Problemen durch die Angabe der richtigen Anweisungsfolge gelöst haben, wäre es schön, wenn wir die entsprechenden Programme auf unserem Pascal-Rechner laufen lassen könnten. Zu diesem Buch gibt es eine begleitende Diskette, auf der sich ein Programm befindet, das die Murmeltierwelt simuliert. Man kann dieses Programm mit unseren Anweisungsfolgen verbinden, worauf dann auf dem Bildschirm des jeweiligen Rechners unsere Murmelprogramme ablaufen.

Da es verschiedene Pascal-Versionen gibt, unterscheiden sich die jeweiligen, vollständigen Programmtexte ein wenig voneinander. Im normalen Text dieses Buches werden die Beispiele stets für die Apple Pascal Version angegeben. Im Anhang wird dann gezeigt, wie man die Programme für die jeweils anderen Versionen abändern muß. Dabei handelt es sich allerdings nur um sehr geringfügige Änderungen.

Nun gehts los:

Die Anweisungsfolge aus Tabelle 1.2 stellt noch kein lauffähiges Pascal-Programm dar, denn es müssen noch einige Punkte beachtet werden, die sich auf die Grammatik der Sprache Pascal beziehen:

In Pascalprogrammen muß man unterscheiden zwischen Wörtern, die zur Programmiersprache gehören (sog. reservierte Wörter) und Bezeichnungen, die vom Programmierer neu eingeführt werden. Die reservierten Wörter der Sprache Pascal stammen sämtlich aus der englischen Sprache. Dieses hat traditionelle Gründe, denn die ersten Programmiersprachen entstanden im englischsprachigen Raum, Pascal dagegen vom schweizerischen Professor Wirth.

a) Jedes Pascal-Programm beginnt mit dem Schlüsselwort **PROGRAM**, auf das der Name des jeweiligen Programmes folgt. Jedes Programm in Pascal bekommt also einen Namen, der im sogenannten Programmkopf erwähnt wird:

Beispiel: **PROGRAM** murmeldemonstration;

Im Beispiel ist also "murmeldemonstration" der Name des Programmes. Es sind hier alle möglichen anderen Namen zugelassen. Im UCSD-Pascal (**U**niversity of **C**alifornia,**S**an **D**iego), auf dem das Apple Pascal beruht, dürfen Namen bis zu 255 Zeichen umfassen, was jedoch nicht praktikabel ist, da ein normaler Bildschirm pro Zeile nur 80 Zeichen anzeigen kann. Außerdem sind nicht alle Zeichen zugelassen, die man über die Tastatur eingeben kann. Im wesentlichen sind nur Buchstaben und Ziffern erlaubt, wobei man darauf achten muß, daß das erste Zeichen eines Namens ein Buchstabe ist. Außerdem dürfen Namen in Pascal nicht aus mehreren Teilen bestehen, die durch das Leerzeichen voneinander getrennt sind. Um dennoch zu gut lesbaren Bezeichnungen zu kommen, ist das "Verbinder"-Symbol "_" zugelassen. Damit ist etwa der folgende Programmname erlaubt:

PROGRAM erstes_Beispielprogramm_fuer_Murmel;

Auf diese Weise ist es möglich, mit Bezeichnungen zu arbeiten, die sehr gut für sich selbst sprechen. Solche "sprechenden" Namen zu benutzen ist ein sehr wichtiges Prinzip beim Programmieren, da man auf diese Weise ein Programm erhält, das sich sehr gut selbst dokumentiert, d.h. auch Monate später kann man durch einfaches Lesen des Programmtextes herausbekommen, nach welchen Prinzipien und Ideen man die Problemlösung angegangen hat. Dieses ist sehr wichtig, wenn man ein bestehendes Programm an neue Anforderungen anpassen möchte.

b) Die Murmeltierwelt gehört nicht zum normalen Sprachumfang von Pascal, sondern wird durch eine eigene Programmsammlung simuliert, die im Apple Pascal in der SYSTEM.LIBRARY, also in der Systembibliothek untergebracht ist. In Apple Pascal-Programmen muß man die Teile der Systembibliothek, die im Programm benutzt werden, im sogenannten **USES**-Part erwähnen, damit der Compiler sie bei der Übersetzung unserer Programme aus der Systembibliothek aufrufen kann. Der **USES**-Part eines Programmes findet sich immer direkt nach dem Programmkopf. Damit ergibt sich bislang der folgende Aufbau eines Programmes für das Apple Pascal:

```
PROGRAM murmel_demonstration;
USES murmeltierwelt;
```

Derjenige Teil der Systembibliothek, den wir für den Lauf von "Murmelprogrammen" benötigen heißt nämlich "murmeltierwelt". Die Murmeltierwelt greift ihrerseits auf eine weitere **UNIT** (so heißen die einzelnen Teile oder EINHEITEN der Systembibliothek) zurück. Diese trägt den Namen "turtlegraphics". Es ist nun eine Eigenart des UCSD-Systems, daß in einem Programm sämtliche **UNITs** erwähnt werden müssen, die in diesem Programm verwendet werden. (In TURBO Pascal sieht die Sache ein wenig anders aus! Vergleiche dazu den Anhang A.2)

Insgesamt sieht der vollständige Programmkopf für eine Simulation der Murmeltierwelt wie folgt aus:

```
PROGRAM murmel_demonstration;
USES turtlegraphics, murmeltierwelt;
```

Im folgenden wird diese Struktur als Programmkopf bezeichnet. Wird später in irgendeinem Programm nicht auf eine **UNIT** zurückgegriffen, so fehlt der **USES**-Part.

c) Schließlich muß das eigentliche Murmelprogramm noch in **BEGIN** und **END** eingeschlossen werden.

d) Nach **BEGIN** muß der Computer zunächst einmal die Murmeltierwelt auf den Bildschirm bringen und wir müssen vor dem Start unseres eigentlichen Murmelprogrammes noch die Murmeltierwelt gestalten, d.h. auf gewissen Feldern Körner ablegen. Dazu muß ein eigenes Programm aus der **UNIT** murmeltierwelt aufgerufen werden. Dieses Teilprogramm heißt

(*) initialisiere_die_Murmeltierwelt

Im UCSD-Pascal kann das Verbindersymbol "_" auch fortgelassen werden, doch ist die Version (*) für uns besser lesbar, als

(**) initialisieredieMurmeltierwelt

Man muß sich für eine der beiden Versionen entscheiden, da die Namen bzw. Bezeichner in Pascal nur aus einem Wort bestehen dürfen. Das Verbindersymbol "_" verbindet in (*) die drei einzelnen Wörter zu einem einzigen Wort. (Daher hat der Verfasser die Bezeichnung "Verbindersymbol" gewählt, obwohl man allgemein die Bezeichnung "Unterstrich" verwendet.)

Ein lauffähiges Programm zur Anweisungsfolge aus Tabelle 1.2 sieht damit wie folgt aus:

```
PROGRAM murmel_demonstration;
USES turtlegraphics,murmeltierwelt;

BEGIN
  initialisiere_die_murmeltierwelt;
  links;links;
  vor;vor;vor;
  links;vor;
  links;vor;
  links;links;links;
  vor;links;
  vor;vor;
END.
```

TABELLE 1.3

Wir fassen zusammen:
Pascal-Programme sehen in ihrer Grundstruktur immer gleich aus. Auf den Programmkopf folgt der Uses-Part, in dem die benutzten Teile der Systembibliothek aufgeführt werden. Danach folgen, wie wir später sehen werden, weitere Erklärungen für die neu eingeführten Bezeichnungen. Schließlich folgt das eigentliche Programm. Man findet das entsprechende Schema in der Tabelle 1.4.

```
PROGRAM <name>;
USES <unit 1>,<unit 2>,...,<unit n>;

BEGIN
  <anweisung 1>;
  <anweisung 2>;
       .
       .
       .
  <anweisung m>;
END.
```

TABELLE 1.4

In konkreten Pascal-Programmen werden die Teile, die in spitzen Klammern stehen, mitsamt der spitzen Klammern durch konkrete Namen bzw. Anweisungen ersetzt. So gilt etwa für das Programm aus Tabelle 1.3:

```
<name>          = murmel_demonstration
<unit 1>        = turtlegraphics
<unit 2>        = murmeltierwelt
<anweisung 1>   = initialisiere_die_murmeltierwelt
<anweisung 2>   = links
<anweisung 3>   = links
                .
                .
                .
```

Vergleicht man die Tabelle 1.3 mit der Tabelle 1.4, so erkennt man, daß die einzelnen Anweisungen nicht untereinanderstehen müssen, sondern auch nebeneinander stehen dürfen. Außerdem beachte man, daß die in Tabelle 1.3, aber auch in Tabelle 1.4, auftretenden Sonderzeichen . , ; **WESENTLICH** sind. Sie dürfen in keinem Fall vergessen werden. Im einzelnen gilt:

Am Ende eines jeden Programmes steht ein Punkt. Die Namen der einzelnen UNITs, die im USES-part erwähnt werden, müssen durch ein Komma voneinander getrennt werden. Am Ende des USES-Part steht ein Semikolon. Folgt auf eine Anweisung noch eine weitere, so müssen sie durch ein Semikolon voneinander getrennt werden.

Nach dem bisher Gesagten sieht **jedes** Programm, das wir für Murmel schreiben, wie folgt aus:

```
PROGRAM name_des_programmes;
USES turtlegraphics,murmeltierwelt;

BEGIN initialisiere_die_Murmeltierwelt;
            .
            .
            .
END.
```

TABELLE 1.5

Um das Programm aus Tabelle 1.3 vom Computer ausführen zu lassen, muß es zuerst mit Hilfe des **Editors** (siehe Anhang A) eingegeben werden und anschließend mit dem **Compiler** (siehe auch Anhang A) in eine Sprache übersetzt werden, die der Computer direkt "versteht".

Soviel zunächst zur Pascal-Grammatik und den Dingen, die mit dem konkret verwendeten Computer zusammenhängen. Es wird im folgenden stets davon ausgegangen, daß der Leser mit der Bedienung seines Rechners und dabei insbesondere des Editors vertraut ist. Im Anhang A sind die beiden Editoren des Apple Pascal und des TURBO Pascal Systems kurz beschrieben.

1.3 Ein abschreckendes Beispiel!

Dieser Abschnitt beginnt mit einem

Problem: Das Murmeltier soll in seiner Welt jedes Feld einmal betreten. Zu Beginn befindet er sich in der linken oberen Ecke. (siehe Bild 1.6)

Nach kurzem Überlegen kommt man sofort zu folgender

Lösung: Es bietet sich der in Bild 1.6. eingezeichnete Weg an. Das Programm ist relativ schnell gefunden und in Tabelle 1.6 auf der folgenden Seite dargestellt. Dabei bedienen wir uns aber lediglich derjenigen Sprachelemente von Pascal, die bereits bekannt sind.

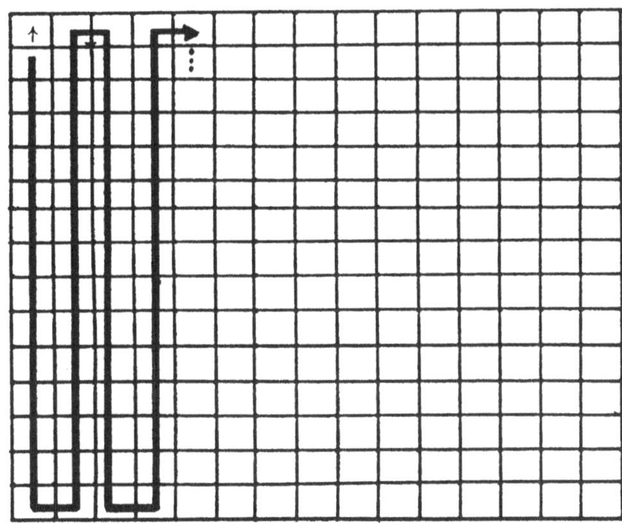

(Bild 1.6)

Es ist natürlich auch ein anderer Weg denkbar, etwa ein spiralförmiger, aber im Sinne einer späteren Verallgemeinerung wählt der Verfasser den im obigen Bild vorgezeichneten Weg.

```
PROGRAM Alle_Felder_betreten;
USES turtlegraphics,murmeltierwelt;

BEGIN
  initialisiere_die_Murmeltierwelt;
  links;links;vor;vor;vor;vor;
  vor;vor;vor;vor;vor;vor;vor;vor;vor;
  vor;links;vor;links;vor;vor;vor;vor;vor;
  vor;vor;vor;vor;vor;vor;vor;vor;links;links;
  links;vor;links;links;links;vor;vor;
  vor;vor;vor;vor;vor;vor;vor;vor;vor;vor;
  vor;vor;links;vor;links;vor;vor;vor;vor;vor;
  vor;vor;vor;vor;vor;vor;vor;vor;vor;links;
  links;links;vor;links;links;links;vor;vor;vor;
  vor;vor;vor;vor;vor;vor;vor;vor;vor;vor;vor;
  links;vor;links;vor;vor;vor;vor;vor;vor;vor;
  vor;vor;vor;vor;vor;vor;links;links;links;
  vor;vor;links;links;links;vor;vor;vor;
  vor;vor;vor;vor;vor;vor;vor;vor;vor;vor;
  vor;links;vor;links;vor;vor;vor;vor;vor;vor;
  vor;vor;vor;vor;vor;vor;vor;vor;vor;links;
  links;links;vor;links;links;links;vor;vor;
  vor;vor;vor;vor;vor;vor;vor;vor;vor;vor;vor;vor;
  links;vor;links;vor;vor;vor;vor;vor;vor;vor;
  vor;vor;vor;vor;vor;vor;vor;links;links;links;
  vor;links;links;links;vor;vor;vor;vor;vor;
  vor;vor;vor;vor;vor;vor;vor;vor;vor;
  links;vor;links;vor;vor;vor;vor;vor;vor;vor;
  vor;vor;vor;vor;vor;vor;vor;links;links;links;
  vor;links;links;links;vor;vor;vor;vor;vor;
  vor;vor;vor;vor;vor;vor;vor;vor;vor;links;
  vor;links;vor;vor;vor;vor;vor;vor;vor;vor;vor;
  vor;vor;vor;vor;vor;links;links;links;vor;
  links;links;links;vor;vor;vor;vor;vor;vor;vor;
  vor;vor;vor;vor;vor;vor;vor;
END.
```

TABELLE 1.6

Das Programm gehört zugegebenermaßen nicht zu den ansprechensten Programmen des Verfassers. Die folgende Übung ist sehr zu empfehlen, denn sie macht deutlich, was an einer solchen Programmierweise schlecht ist. Daher sollte die Übung in jedem Falle bearbeitet werden!

ÜBUNG 1.7: Im Programm der Tabelle 1.6 befinden sich mindestens fünf Fehler - abgesehen von den Fehlern, die der Verfasser aufgrund der in diesem Fall **öden** Schreibarbeit unabsichtlich eingebaut hat. Man korrigiere sämtliche Fehler.

WICHTIG:

Damit diese Übung ihren eigentlichen Zweck nicht ver fehlt, sollte man genau beobachten, wie man vorgeht, auf welche Schwierigkeiten man stößt, welche Fehler man macht und vor allen Dingen, welche Empfindungen man dabei hat !

ÜBUNG 1.8: Im Anschluß an die vorhergehende Übung lassen sich die folgenden Fragen beantworten:

a) Was ist unschön am Programm (Tabelle 1.6)?
b) Was könnte man besser machen ?

Kommentar zur Problemlösung:
Abgesehen von der unübersichtlichen und wirklich abstoßenden Darstellung des Programmes zeigt die Übung 1.7. ganz deutlich, daß eine solche Programmierweise für den Programmierer von erheblichem Nachteil ist: Suchen und Korrigieren von Fehlern wird zu einer öden, zeitaufwendigen und vor allen Dingen wieder fehleranfälligen Tätigkeit.

Eine kleine Verbesserung läßt sich zunächst einmal dadurch erreichen, daß man das Programm übersichtlicher aufschreibt. Murmel stört sich nicht daran, wie wir das Programm aufschreiben; er führt es einfach aus. Wenn man aber dabei ist, ein Programm zu erstellen, so darf man nicht nur an den Computer denken, der das Programm später ausführen soll, sondern man muß vor allen Dingen an sich selbst denken, da mit Sicherheit Fehler auftreten und der Programmierer sich dann an die Fehlersuche machen muß. Was das aber bedeuten kann, hat die vorletzte Übung gezeigt.

Andererseits passiert es sehr oft, daß man ein altes Programm an eine neue Situation anpassen muß. Dann muß man dessen Programmtext zuerst einmal verstehen. Liegt ein so unübersichtlicher Text wie in der Tabelle 1.6 vor, so wird dieser erste Schritt schon fast unmöglich. Diejenigen, die schon einmal ein BASIC Programm zu analysieren hatten, wissen sicherlich, was das bedeuten kann - damit soll allerdings nicht gesagt werden, daß jedes BASIC Programm unübersichtlich sein muß.

Alles in allem können wir feststellen, daß ein übersichtlich angeordneter Programmtext das Leben des Programmierers schon erheblich vereinfachen kann. Wir werden später sehen, daß es noch andere, wesentlich mächtigere Hilfsmittel zu diesem Zwecke gibt.

Um das zuletzt Gesagte noch zu verdeutlichen, wird jetzt noch der Anfang einer übersichtlicheren Version des Programmes aus Tabelle 1.6 angegeben. Der Verfasser geht allerdings nicht davon aus, daß es sich dabei um die einzig mögliche, übersichtliche Darstellung handelt!

```
PROGRAM Alle_Felder_betreten;
USES turtlegraphics, murmeltierwelt;
BEGIN
  initialisiere_die_Murmeltierwelt;
  links;links;      (* Murmel schaut nach unten *)
  vor;vor;vor;vor;vor;
  vor;vor;vor;vor;vor;
  vor;vor;vor;vor;    (* Vierzehn Felder vor      *)
  links;vor;links;    (* Gehe zur nächsten Reihe *)
  vor;vor;vor;vor;vor;
  vor;vor;vor;vor;vor;
  vor;vor;vor;vor;    (* Vierzehn Felder vor      *)
  links;links;links;vor;
  links;links;links; (* Gehe zur nächsten Reihe *)
  usw.
END.
```

TABELLE 1.7

Es ist noch zu beachten, daß der Text in **(* ... *)** einen **Kommentar** darstellt, mit dessen Hilfe man Erläuterungen zu einzelnen

Programmteilen in den Programmtext einstreuen kann. Dadurch kann er übersichtlicher und leichter analysierbar gestaltet werden, was die immer notwendige Fehlersuche erheblich vereinfachen kann. Diese Art, einen Kommentar in den Programmtext einzubauen, ist in Pascal ausdrücklich erlaubt. Solche Kommentare werden später bei der Übersetzung durch den Compiler überlesen. Sie dienen einzig dem Menschen, der das betreffende Programm verstehen soll.

Kommentare in Pascal-Programmen stehen immer zwischen den Kommentarklammern (* ... *) !

1.4 Sprache erleichtert uns das Leben

Wäre die menschliche Sprache genauso einfach aufgebaut wie die Sprache, die wir bislang benutzt haben, um mit Murmel in Kontakt zu treten, so wären die Bundestagsreden teilweise noch langweiliger, vielleicht aber wäre es mit unserer "Zivilisation" gar nicht so weit gekommen, jedenfalls was die hochentwickelte Kultur und Technologie angeht. Sämtliche Sachverhalte des täglichen Lebens müßten auf mehr oder minder komplizierte Weise ausgedrückt werden. Einen Eindruck davon haben wir beim Programm aus Tabelle 1.6 gewonnen.

Der Mensch hat aber im Laufe der Evolution ein sehr wirkungsvolles Hilfsmittel entwickelt, um komplizierte Zusammenhänge auf einfache Weise auszudrücken: er entwickelt **Begriffe** und ordnet ihnen einen bestimmten Wortlaut oder ein Schriftmuster zu. Gelangt der Wortlaut in unser Ohr, so sehen wir sofort seine Bedeutung vor unserem "geistigen Auge" und wir wissen, was gemeint ist. Ein gutes Beispiel dafür ist etwa die soeben verwendete Wortkombination "geistiges-Auge". Vermutlich wird jeder sofort die entsprechende Bedeutung "vor Augen" (Hoppla!) haben und wissen was gemeint ist.

Ähnlich können wir auch, stellvertretend für unser dummes Murmeltier, neue Begriffe entwickeln, die **UNS** (nicht unbedingt dem Murmeltier, das auch das abschreckende Beispiel aus **1.3** "schluckt" (Aha!)) das Leben erleichtern. Dazu bedienen wir uns der Hilfsmittel, die von der Programmiersprache Pascal bereitgestellt werden. Wir sollten uns darüber im Klaren sein, daß eine Begriffsbildung von einem Abstraktionsprozeß begleitet wird, der uns auf eine etwas höhere Sprachebene erhebt. Auf dieser lassen sich dann Zusammenhänge mit einfachen Worten beschreiben, denen dann die komplexeren Begriffe zugeordnet sind.

Die Programmiersprachen sollen eine Brücke bilden zwischen der gewohnten Sprache des Menschen und der menschenfernen Sprache der jeweiligen Maschine. Daher überlegen wir zunächst, wie das Problem aus **1.3** für einen Menschen in natürlicher Sprache beschrieben werden könnte:

Wir müssen eigentlich fünfzehnmal das Gleiche machen:

- eine Reihe entlanglaufen
- zum Anfang der nächsten Reihe gehen.

Bedenkt man noch, daß das Murmeltier zu Beginn nach oben schaut, so erhält man die folgende Befehlsliste, die von einem Menschen, der mit dem zugehörigen Problem vertraut ist, sofort verstanden wird und auch ausgeführt werden kann.

```
kehrt;
laufe_bis_zur_Wand;
gehe_zum_Anfang_der_naechsten_Reihe;
          .
          .
gehe_zum_Anfang_der_naechsten_Reihe;
laufe_bis_zur_Wand;
```

TABELLE 1.8

Auf diese Weise wird das Programm wesentlich besser lesbar und verständlicher, und es wäre schön, wenn man Programme für Murmel in dieser Weise aufschreiben könnte. Man müßte lediglich die Möglichkeit haben, diese Art neuer "Superbefehle" einzuführen und dafür sorgen, daß Murmel sie "verstehen" kann. Der Leser wird schon ahnen, daß die Programmiersprache Pascal genau ein solches sprachliches Hilfsmittel bereitstellt, das es gestattet, neue Befehle zu definieren. Dadurch können wir die Anweisungsfolge aus Tabelle 1.8 direkt als Programm für Murmel übernehmen. Wir müssen diese neuen Befehle allerdings noch erklären.

Die Pascal-Grammatik verlangt, daß solche Erklärungen neuer Anweisungen mit dem Kennwort **PROCEDURE** eingeleitet werden. Die eigentliche Erklärung wird, wie das Hauptprogramm, in **BEGIN** und **END** eingeschlossen. Hinter das Wort **END** gehört diesmal aber ein Semikolon und kein Punkt. Die neuen, selbst eingeführten "Superbefehle" werden im folgenden immer als "Prozeduren" bezeichnet.

In Pascal müssen die Prozeduren vor dem eigentlichen Hauptprogramm deklariert werden. Das Hauptprogramm trägt diesen Namen, weil es im deutschsprachigen Raum auch üblich ist, statt von einer Prozedur von einem **UNTERPROGRAMM** zu sprechen.

Demnach werden die Prozeduren **kehrt, laufe_bis_zur_Wand** und **gehe_zum_Anfang_der_naechsten_Reihe** wie folgt deklariert (im Computer-Chinesich spricht man von **Deklarationen** anstelle von **Erklärung neuer Anweisungen**):

```
PROCEDURE  kehrt;
BEGIN links;links; END;

PROCEDURE laufe_bis_zur_Wand;
BEGIN
  vor;vor;vor;vor;vor;
  vor;vor;vor;vor;vor;
  vor;vor;vor;vor;
END;

PROCEDURE gehe_zum_Anfang_der_naechsten_Reihe;
BEGIN
  links;vor;links;
END.
```

TABELLE 1.9

Die Deklaration einer neuen Anweisung, also einer Prozedur, sieht tatsächlich formal genauso aus, wie ein Pascal-Programm (nur mit dem Unterschied, daß hinter **END** anstelle eines Punktes ein Semikolon stehen muß und daß der USES-part fehlt).

Es ist erlaubt, innerhalb einer Prozedur eine andere aufzurufen, wobei diese letztere allerdings vor der rufenden Prozedur deklariert werden muß. So könnte man im Programm der Tabelle 1.10 statt **vor;vor;vor;vor;vor;** auch einfach schreiben **fuenf_vor**, wenn man z.B. unmittelbar vor der Deklaration von **laufe_bis_zur_Wand** die Prozedur **fuenf_vor** eingeführt hätte. Der "Trick", der sich durch die Einführung der Prozedur **fuenf_vor** offenbart, kann mit Erfolg auch an anderer Stelle angewandt werden, so daß sich der folgende **Versuch eines Programmes** ergibt.

```
PROGRAM Alle_Felder_betreten;
USES turtlegraphics, murmeltierwelt;

PROCEDURE kehrt;
BEGIN links;links; END;

PROCEDURE fuenf_vor;
BEGIN vor;vor;vor;vor;vor; END;

PROCEDURE laufe_bis_zur_Wand;
BEGIN fuenf_vor;fuenf_vor;vor;vor;vor;vor; END

PROCEDURE gehe_zum_Anfang_der_naechsten_Reihe;
BEGIN links;vor;links; END;

PROCEDURE gehe_fuenf_Reihen;
BEGIN laufe_bis_zur_Wand;
      gehe_zum_Anfang_der_naechsten_Reihe;
      laufe_bis_zur_Wand;
      gehe_zum_Anfang_der_naechsten_Reihe;
      laufe_bis_zur_Wand;
      gehe_zum_Anfang_der_naechsten_Reihe;
      laufe_bis_zur_Wand;
      gehe_zum_Anfang_der_naechsten_Reihe;
      laufe_bis_zur_Wand;
      gehe_zum_Anfang_der_naechsten_Reihe;
END;

BEGIN initialisiere_die_Murmeltierwelt;
      kehrt;
      gehe_fuenf_Reihen;
      gehe_fuenf_Reihen;
      laufe_bis_zur_Wand;
      gehe_zum_Anfang_der_naechsten_Reihe;
      laufe_bis_zur_Wand;
      gehe_zum_Anfang_der_naechsten_Reihe;
      laufe_bis_zur_Wand;
      gehe_zum_Anfang_der_naechsten_Reihe;
      laufe_bis_zur_Wand;
END.
```

TABELLE 1.10

Wir haben die Anweisungsfolge aus Tabelle 1.8, die einem Menschen erklärt, wie er das gestellte Problem lösen kann, schrittweise zu einem vollständigen Computerprogramm erweitert. Leider leistet das Programm nicht das Gewünschte, wie der aufmerksame Leser sicherlich schon festgestellt hat. Das hängt damit zusammen, das die Anweisungsfolge aus Tabelle 1.8 allzu wörtlich übersetzt wurde. Beim Lesen dieser Anweisungsfolge ist sicherlich nicht jedem aufgefallen, daß eigentlich dort schon ein Fehler steckte. Das ist aber keine Schwäche, sondern der Fehler blieb zunächst unentdeckt, weil eine besondere Stärke des Menschen den Fehler verdeckte: Der Mensch ist im Gegensatz zum Computer bzw. zu heutigen Computersystemen dazu in der Lage, Anweisungen in den je verschiedenen Situationen auch **situationsgemäß korrekt zu interpretieren.** Diese Stärke des Menschen steht uns allerdings manchmal im Wege, wenn es darum geht, ein Problem computergerecht zu analysieren. Daher ist das obige fehlerhafte Programm als eine Warnung in diese Richtung gedacht, andererseits soll aber die folgende Übung auch zeigen, daß ein derart ausführliches Programm sehr leicht gewartet werden kann.

ÜBUNG 1.9: Was leistet das Programm aus Tabelle 1.10 wirklich ? Welcher Gedankenfehler steckt in dieser Version ? Korrigiere das Programm so, daß das Problem aus Abschnitt 1.3 gelöst wird.

Es soll noch an einem Beispiel deutlich gemacht werden, wie man mit Hilfe des neuen Sprachmittels **PROCEDURE** ein Problem schrittweise lösen kann, indem man es passend in Teilprobleme zerlegt, die in einem späteren Schritt der Programmerstellung gelöst werden. Dieses entspricht auf sprachlicher Ebene einem Abstieg von einer relativ abstrakten Ebene hinunter bis zu den einfachen Befehlen der Murmeltierwelt. Man geht dabei von einer Grobstruktur des Lösungsverfahrens aus und verfeinert diese schrittweise. Die Formulierung für die Grobstruktur erhält man oft auf einfache Weise dann, wenn man sich vorstellt, man formuliere sie für einen Menschen, wobei allerdings an den soeben erlebten Reinfall erinnert sei.

Eine solches schrittweises Vorgehen, bei dem man von einer allgemeinen Formulierung der Problemlösung in kleinen Schritten bis zu den elementaren Befehlen der Programmiersprache vorstößt, wird in der Literatur auch als **Top-Down-Verfahren** bezeichnet. Man gelangt so von einem hohen Sprachniveau (top) langsam herab (down) zu den

Elementarbefehlen der benutzten Sprache. Programmiersprachen, die ein Prozedurkonzept bereitstellen, sind besonders dazu geeignet, dieses Programmierverfahren zu pflegen. Ein Hauptanliegen dieses Buches besteht darin, das Top-Down-Verfahren einzuüben. Die Umgebung ist dabei absichtlich eine spielerische, denn dadurch kann man sich zunächst von solchen Begriffen wie Bits und Bytes und Peeks und Pokes etc. schonen. Um solche Dinge sollte man sich erst dann kümmern, wenn man erlernt hat, ein Problem schrittweise in die einzelnen Bestandteile zu zerlegen, um so auf systematische Weise zu einer Problemlösung zu gelangen.

Problem: Das Murmeltier soll das Muster aus Bild 1.7 mit Hilfe von Körnern legen. Zu Beginn befinde sich Murmel in der linken oberen Ecke. Es kann davon ausgegangen werden, daß Murmel hinreichend viele Körner bereithält.

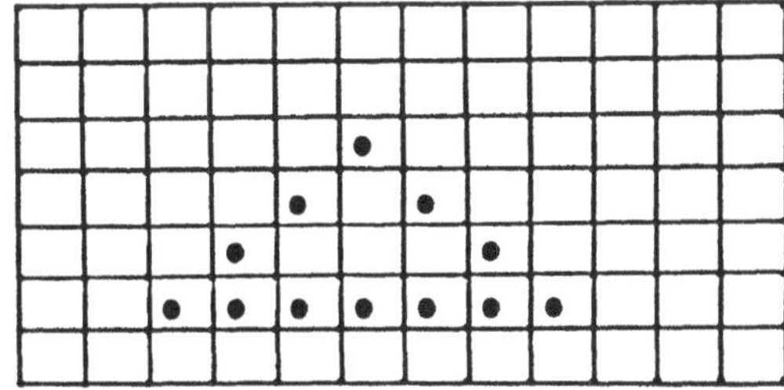

(Bild 1.7)

Lösung: Offensichtlich zerfällt das Problem in vier verschiedene Teilprobleme bzw. Teilwege: Murmel muß zunächst von seinem Startpunkt (links oben) zu einem Anfangspunkt des Musters gelangen, von dem aus er beginnen kann die Körner zu legen. Daher muß man sich zuerst für einen Punkt entscheiden, der Anfangspunkt sein soll. Wir entscheiden uns diesmal für den Punkt links unten (siehe Bild 1.8). Anschließend muß Murmel nacheinander die drei Seiten des Dreiecks "zeichnen", wobei wir uns auch wieder für eine bestimmte Reihenfolge entscheiden müssen. Aus der Skizze in Bild 1.8 geht hervor, wie diese Entscheidung im Hinblick auf die hier folgende Diskussion ausgefallen ist:

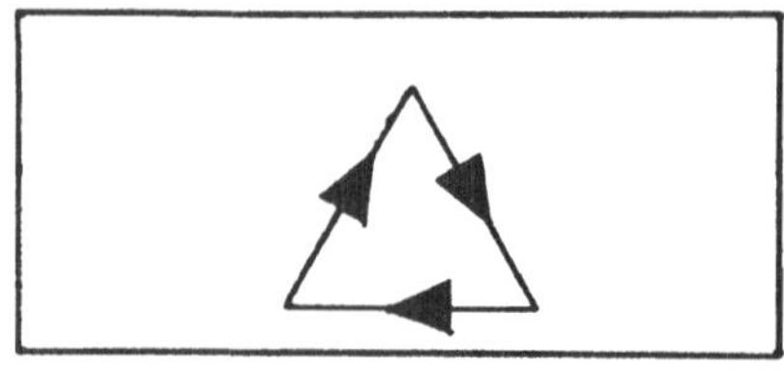

(Bild 1.8)

Auf Grundlage dieser Überlegungen kann nun schon das folgende Hauptprogramm aufgestellt werden. Man beachte, daß hier Formulierungen benutzt werden, die praktisch unserer gewohnten Sprache angehören. Auf diese Weise gelingt es, während der Programmierung den Überblick zu behalten, und dazu dient schließlich die Top-Down-Programmierung!

```
(* Hauptprogramm *)
BEGIN initialisiere_die_Murmeltierwelt;
      gehe_zum_Anfangspunkt;
      gehe_schraeg_nach_oben;
      laufe_schraeg_nach_unten;
      mache_den_waagrechten_Strich;
END.
```

TABELLE 1.11

Anmerkung: Es gibt einen wichtigen Grund dafür, daß die Anweisung zum Zeichnen der zweiten Dreiecksseite **laufe_schraeg_nach_unten** lautet und nicht etwa **gehe_schraeg_nach_unten** : Im Apple Pascal werden Namen für Anweisungen etc. nämlich nur nach den ersten acht Zeichen unterschieden. Aus diesem Grunde könnten die beiden Prozeduren **gehe_schraeg_nach_oben** und **gehe_schraeg_nach_unten** nicht unterschieden werden. Diese Einschränkung gilt für TURBO Pascal allerdings nicht. Halten wir also fest

Im UCSD-Pascal dürfen verschiedene Namen nie in den ersten acht Zeichen übereinstimmen !

Durch das Programm in Tabelle 1.12 wurde das Problem, ein Dreick zu "zeichnen", in vier verschiedene Teilprobleme zerlegt, die nun einzeln und fast **unabhängig voneinander** zu lösen sind.

Teilproblem 1: gehe_zum_Anfangspunkt

Die Lösung für dieses Teilproblem ist schnell gefunden. Dabei wird hier (vielleicht in einer kleinen Übertreibung, aber zur nochmaligen Verdeutlichung) wieder mit Prozeduren gearbeitet:

```
PROCEDURE gehe_zum_Anfangspunkt;
BEGIN kehrt;
      gehe_fuenf_Felder_nach_unten;
      gehe_zwei_Felder_nach_rechts;
END;
```

TABELLE 1.12

Das Teilproblem **gehe_zum_Anfangspunkt** ist auf diese Weise wieder in weitere Teil(-Teil)probleme zerlegt worden. Die zugehörigen Lösungen sind sehr einfach. Dieses stellt man übrigens immer fest, wenn man auf die hier dargelegte Art und Weise schrittweise von den übergeordneten Problemen zu den einzelnen Teilproblemen vorstößt: Am Ende kommt man bei relativ einfachen Detaillösungen an:

```
PROCEDURE kehrt;
BEGIN links;links; END;

PROCEDURE gehe_fuenf_Felder_nach_unten;
BEGIN vor;vor;vor;vor;vor; END;

PROCEDURE gehe_zwei_Felder_nach_rechts;
BEGIN links;vor;vor; END;
```

TABELLE 1.13

Es wird an dieser Stelle eingeräumt, daß die weitere Zerlegung der Prozedur **gehe_zum_Anfangspunkt** ein wenig übertrieben erscheint. Die folgende Version wäre auch möglich:

```
PROCEDURE gehe_zum_Anfangspunkt;
BEGIN links;links;
      vor;vor;vor;vor;vor;
      links;vor;vor;
END;
```

Die etwas aufwendigere Version aus den Tabellen 1.12 und 1.13 soll indes zweierlei verdeutlichen: Die Teilprobleme, die sich aus einer Groblösung eines Problemes ergeben, können ihrerseits wieder in weitere Teilprobleme zerfallen. Ohne sich um Detailprobleme von vorneherein kümmern zu müssen, kann man die Lösung auf diese Weise immer weiter verfeinern, bis sich zum Schluß die letzten Teilprobleme gleichsam in Nichts auflösen. Vergleicht man andererseits die verschiedenen Lösungsansätze miteinander, so erkennt man unschwer, daß die kürzere ohne Kommentare auf Anhieb nicht verstanden werden kann, während die Anweisungsfolgen aus den beiden Tabellen 1.12 und 1.13 ohne Kommentare für sich selber sprechen. Bei eventuellen Fehlerkorrekturen oder wenn es später darum geht, ein großes Programm zu erweitern, kommt es gerade darauf an, daß wir möglichst schnell herausfinden können, was die einzelnen Programme bzw. Prozeduren leisten können bzw. sollen. Daher erreicht man mit der hier vorgeführten Programmierweise zweierlei: Zum einen zeichnet sich der Weg vom Problem zur Lösung sehr deutlich ab. Andererseits versteht ein Aussenstehender das Programm fast unmittelbar.

Machen wir aber nun bei der Lösung des eigentlichen Problems weiter:

Teilproblem 2: gehe_schraeg_nach_oben

Das Murmeltier muß offenbar viermal dasselbe machen:

- Ein Korn ablegen
- Um ein Feld schräg nach oben gehen

Aus diesen Überlegungen ergibt sich:

```
PROCEDURE gehe_schraeg_nach_oben;
BEGIN gib; schraeg_hoch;
      gib; schraeg_hoch;
      gib; schraeg_hoch;
      gib; schraeg_hoch;
END;
```

TABELLE 1.14

Natürlich muß im gesamten Programmtext, der dem Computer eingegeben wird, vor der Prozedur aus Tabelle 1.14 noch deklariert werden, was mit **schraeg_hoch** gemeint ist:

```
PROCEDURE schraeg_hoch;
BEGIN
  vor;links;vor;rechts;
END;
```

TABELLE 1.15

ÜBUNG 1.10: Man überlege sich, wieso die Prozedur **schraeg_hoch** gerade so, wie angegeben aussehen muß. Kann man nicht auf den Befehl **rechts** innerhalb der Prozedur verzichten ?

Teilproblem 3: laufe_schraeg_nach_unten;

Zunächst muß überlegt werden, in welche Richtung das Murmeltier blickt, wenn es die Prozedur bearbeitet hat, die Murmel schräg nach oben gehen läßt. **Außerdem ist es wichtig, zu wissen, auf welchem Feld Murmel in diesem Augenblick steht. Das Bild 1.9 veranschaulicht die Situation:**

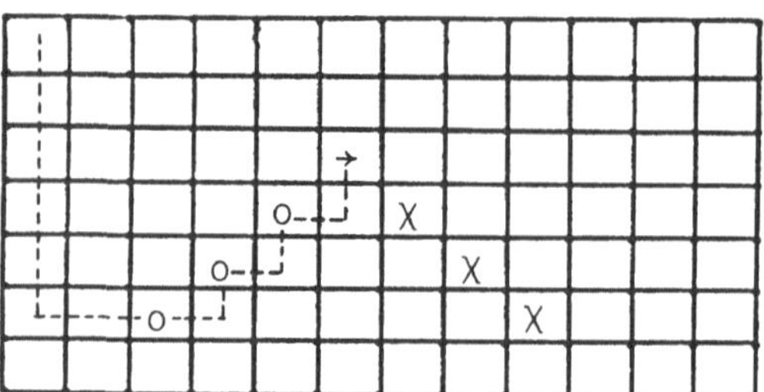

(Bild 1.9)

Der bisherige Weg des Murmeltieres ist gestrichelt eingezeichnet worden. Um die zweite Dreiecksseite zu zeichnen, müssen noch drei Körner gelegt werden (in Bild 1.9 durch **x** gekennzeichnet). Damit ergibt sich die folgende Lösung:

```
PROCEDURE schraeg_runter;
BEGIN vor;rechts;vor;links; END;

PROCEDURE laufe_schraeg_nach_unten;
BEGIN schraeg_runter; gib;
      schraeg_runter; gib;
      schraeg_runter; gib;
END;
```

TABELLE 1.16

Der letzte Befehl in der Prozedur **schraeg_runter** lautet **links**, damit beim nächsten Prozeduraufruf unser Murmeltier wieder in der passenden Richtung steht. Ansonsten würde es im Kreise laufen.

Ist die Prozedur **laufe_schraeg_nach_unten** bearbeitet worden, so schaut Murmel nach rechts. Dieses ist eine wichtige Information, die in die Lösung des vierten und letzten Teilproblems mit eingehen muß.

ÜBUNG 1.11: Die Prozedur **gehe_schraeg_nach_oben** und die Prozedur **laufe_schraeg_nach_unten** können so abgewandelt werden, daß man in beiden dieselbe Prozedur namens **zeichne_einen_Schraegstrich** benutzt.

Wir haben weiter oben erwähnt, daß die Entwicklung der einzelnen Teilprozeduren (wenigstens teilweise) unabhängig voneinander erfolgen kann. Der Zusammenhang zwischen der Lösung für das dritte Teilproblem und das vierte Teilproblem zeigt jedoch, daß es hier manchmal Schwierigkeiten geben kann, da das Ergebnis der einen Prozedur bei der Entwicklung der anderen mitberücksichtigt werden muß. Man spricht in diesem Falle auch vom sogenannten Seiteneffekt einer Prozedur. Solche Seiteneffekte müssen unbedingt vermieden werden, wenn man etwa in einem Team ein größeres Softwareprodukt erstellen soll. Die folgende Übung soll zeigen, daß man Seiteneffekte vermeiden kann.

ÜBUNG 1.12: Wandle die Prozeduren des letzten Problems so ab, daß das Murmeltier nach Abarbeitung einer jeden Prozedur wieder die gleiche Blickrichtung hat wie vorher.

Teilproblem 4: mache_den_waagrechten_Strich

Bedenkt man, daß das Murmeltier nach Bearbeitung der letzten Prozedur (**laufe_schraeg_nach_unten**) nach rechts schaut und auf dem rechten Eckpunkt des Dreiecks steht, so ergibt sich die folgende Problemlösung:

```
PROCEDURE mache_den_waagrechten_Strich;
BEGIN kehrt;
      vor; gib;
      vor; gib;
      vor; gib;
      vor; gib;
      vor; gib;
END;
```

TABELLE 1.17

Insgesamt ergibt sich damit das Programm aus Tabelle 1.18, wobei die einzelnen Prozeduren selbstverständlich so angeordnet sind, daß sie bereits deklariert sind, bevor sie im Programmtext erwähnt werden. Es ist wichtig, hier einen Unterschied zu sehen zur Reihenfolge der Prozedur**aufrufe**, die allerdings erst dann stattfinden,. wenn das Programm bereits übersetzt ist.

Die reichlich ausführliche Darstellung der Problemlösung sollte deutlich machen, wie man mit Hilfe von Prozeduren den Lösungsweg deutlich (vor)strukturieren kann. Das Programm aus Tabelle 1.18 ist sehr übersichtlich und sehr leicht verständlich. (**TIP:** Fremde und auch eigene Pascal-Programme liest man immer von unten nach oben. Auf diese Weise versteht man bei der Analyse eines fertigen Programmes zunächst einmal die Grobstruktur, worauf man damit beginnen kann, die Detaillösungen zu analysieren.)

```
PROGRAM male_ein_Dreieck;
USES turtlegraphics,murmeltierwelt;

PROCEDRE kehrt;
BEGIN links;links; END;

PROCEDRE rechts;
BEGIN kehrt;links; END;

PROCEDURE gehe_fuenf_Felder_nach_unten;
BEGIN vor;vor;vor;vor;vor; END;

PROCEDURE gehe_zwei_Felder_nach_rechts;
BEGIN links;vor;vor; END;

PROCEDURE gehe_zum_Anfangspunkt;
BEGIN kehrt;
      gehe_fuenf_Felder_nach_unten;
      gehe_zwei_Felder_nach_rechts;
END;
```

(Fortsetzung nächste Seite)

```
PROCEDURE schraeg_hoch;
BEGIN
  vor;links;vor;rechts;
END;

PROCEDURE gehe_schraeg_nach_oben;
BEGIN gib; schraeg_hoch;
      gib; schraeg_hoch;
      gib; schraeg_hoch;
      gib; schraeg_hoch; gib;
END;

PROCEDURE schraeg_runter;
BEGIN vor;rechts;vor;links; END;

PROCEDURE laufe_schraeg_nach_unten;
BEGIN schraeg_runter; gib;
      schraeg_runter; gib;
      schraeg_runter; gib;
END;

PROCEDURE mache_den_waagrechten_Strich;
BEGIN kehrt;
      vor; gib; vor; gib; vor; gib;
      vor; gib; vor; gib;
END;

(* Hauptprogramm *)
BEGIN initialisiere_die_Murmeltierwelt;
      gehe_zum_Anfangspunkt;
      gehe_schraeg_nach_oben;
      laufe_schraeg_nach_unten;
      mache_den_waagrechten_Strich;
END.
```

TABELLE 1.18

Einen Gegensatz zur übersichtlichen Programmierung mit Prozeduren stellt das folgende Programm dar, das in Übung 1.13 behandelt wird. Die Übung soll noch einmal deutlich machen, wie beschwerlich es ist, Programme zu analysieren, die ohne die Verwendung von Prozeduren auskommen.

ÜBUNG 1.13: Was leistet das folgende Programm ?

```
PROGRAM unbekannt;
USES turtlegraphics,murmeltierwelt;
BEGIN initialisiere_die_murmeltierwelt;
      links;links;vor;vor;vor;vor;vor;
      links;vor;vor;gib;vor;links;vor;rechts;
      gib;vor;links;vor;rechts;gib;vor;links;
      vor;rechts;gib;vor;rechts;vor;links;gib;
      vor;rechts;vor;links;gib;vor;rechts;vor;
      links;gib;kehrt;vor;gib;vor;gib;vor;gib;vor;gib;
      vor;gib;
END.
```

1.5 ÜBUNGEN

In diesem Abschnitt sollen eine Reihe von Übungsaufgaben angegeben werden, die das bislang Behandelte vertiefen sollen. Insbesondere soll es bei jeder Problemlösung darauf ankommen, daß man streng nach den Programmierprinzipien vorgeht, die im letzten Abschnitt an einem Beispiel dargelegt wurden:

1.Schritt: Zerlegung des Problems in eine Reihe von Teilproblemen. Am besten stellt man sich dazu vor, man wolle die Lösung der gestellten Aufgabe einem Menschen erklären.

2.Schritt: Schrittweise Lösung der einzelnen Teilprobleme. Dabei kommt es häufig vor, daß die Teilprobleme, die man im ersten Schritt gefunden hat, selbst wieder in weitere Teilprobleme zerfallen.

3.Schritt: Eingabe des fertigen Programmes. Dabei ist stets darauf zu achten, daß eine Prozedur im Programmtext bereits deklariert ist, bevor ihr Name im Text einer anderen Prozedur verwendet wird. M.a.W.: Die folgende Reihenfolge der Prozedurdeklarationen wäre falsch:

```
PROCEDURE rechts;
BEGIN kehrt; links; END;

PROCEDURE kehrt;
BEGIN links; links; END;
```

Man beachte, daß der Compiler (das Übersetzer-Programm) den Programmtext stets von oben nach unten liest und dann bei der Übersetzung der Prozedur **rechts** auf den, ihm noch unbekannten Namen **kehrt** stieße, was dann zu einem Abbruch des Übersetzerprogrammes führte.

ÜBUNG 1.14: Murmel steht zu Beginn im linken oberen Feld. Er soll das in Bild 1.10 stark umrandete Gebiet mit Körnern füllen.

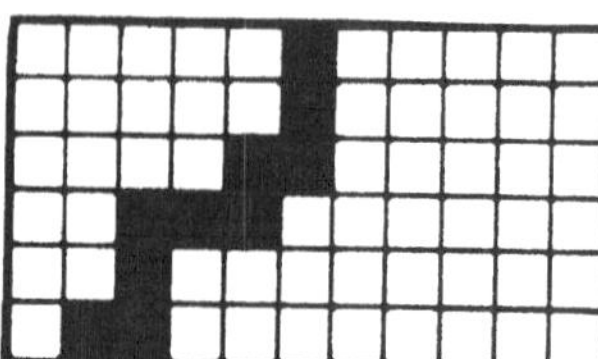

(Bild 1.10)

ÜBUNG 1.15: Das Murmeltier soll die Initialen des Lesers mit Hilfe von Körnern in seine Welt malen.

ÜBUNG 1.16: Murmel soll mit Körnern ein Quadrat der Seitenlänge 6 in seine Welt legen.

ÜBUNG 1.17: Das Murmeltier soll ein "Haus" malen und in die linke obere Ecke zurückkehren. (siehe dazu Bild 1.11)

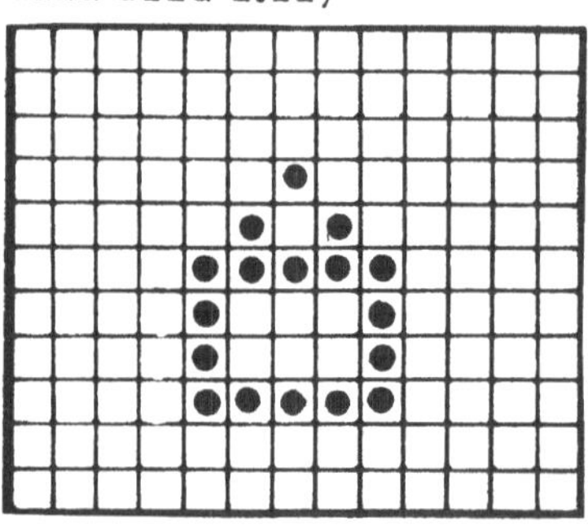

(Bild 1.11)

ÜBUNG 1.18: Das Murmeltier soll das Muster des Bildes 1.12 zeichnen.

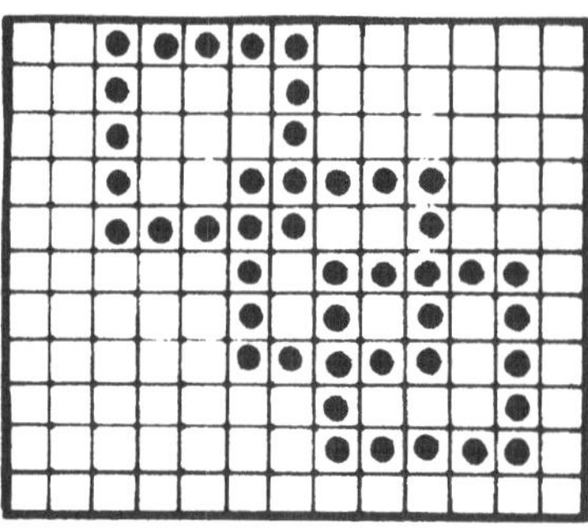

(Bild 1.12)

Verschärfung des Problems aus Übung 1.18: Es darf kein Feld vorkommen, auf dem mehr als ein Korn liegt!

Man kann die Murmeltierwelt auch noch ein wenig interessanter gestalten, indem man einige Felder für das Murmeltier blockiert. Murmel darf diese Felder dann nicht betreten. Blockierte Felder werden im folgenden stets durch schraffierte Felder dargestellt. Man kann mit Hilfe der Blockaden auch Labyrinthe legen und dann Programme schreiben, die Murmel aus einem Labyrinth herausführen. Zum jetzigen Zeitpunkt der Entwicklung wäre das aber zu früh, denn wir sind zur Zeit lediglich dazu in der Lage, Programme zu schreiben, die nur für ein ganz bestimmtes Labyrinth korrekt arbeiten. Daher kommen wir später auf dieses Problem zurück.

ÜBUNG 1.19: Murmel soll sämtliche Körner einsammeln.

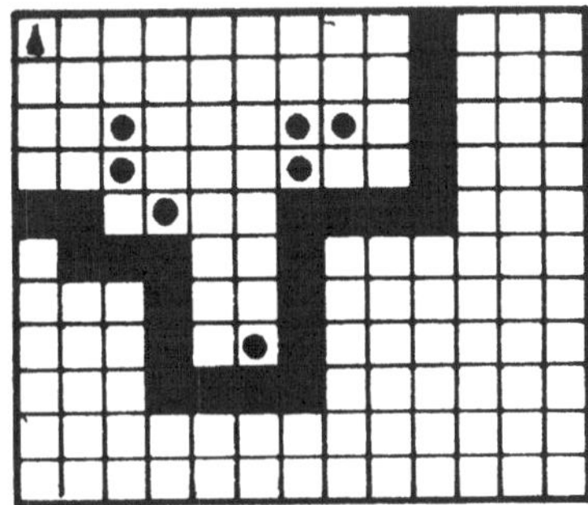

(Bild 1.13)

ÜBUNG 1.20: Murmel soll sämtliche Felder betreten und überall ein Korn hinterlassen. Man vergleiche diese Lösung mit der Lösung von Übung 1.14!

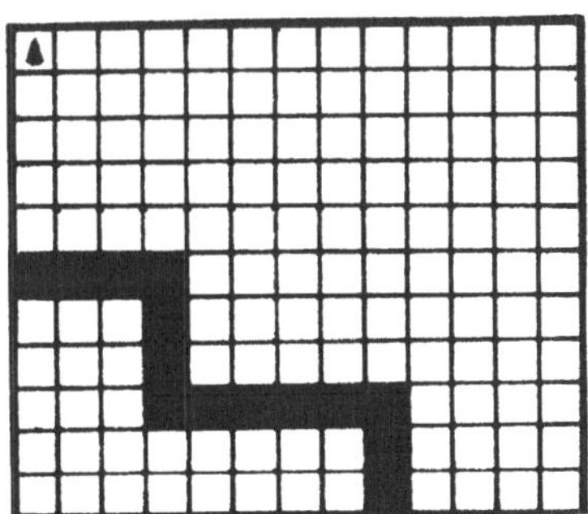

(Bild 1.14)

ÜBUNG 1.21: Überlege, wie allgemein die Programme anwendbar sind, die wir bislang geschrieben haben. Was passiert etwa, wenn man mit Hilfe von Blockaden die Murmeltierwelt verkleinert? Was passiert, wenn die Körner, die von Murmel eingesammelt werden sollen, plötzlich an einer ganz anderen Stelle liegen ?

ÜBUNG 1.22: Der Leser überlege sich eigene Aufgaben und setze sie in ein gut strukturiertes Programm um.

Wer bis zu dieser Stelle mitgearbeitet hat, der verfügt nicht nur über die elementaren Strukturen der Programmiersprache Pascal, sondern er ist in der Lage, sich in der MUrmeltierwelt zurechtzufinden. Das ist manchmal gar nicht nicht so einfach, denn man muß sich dazu in die Lage des Murmeltieres versetzen, um etwa entscheiden zu können, ob eine Links- oder eine Rechtsdrehung erforderlich ist.

2 Murmel steuert sich selbst

Die bislang erarbeiteten Murmelprogramme haben den großen Nachteil, daß sie jeweils auf eine bestimmte Murmeltierwelt zugeschnitten sind. Im allgemeinen neigt man aber dazu, ein Problem so zu lösen, daß die Lösung in einem etwas allgemeineren Zusammenhang benutzt werden kann. Um dieses zu verdeutlichen betrachten wir noch einmal das folgende Beispiel:

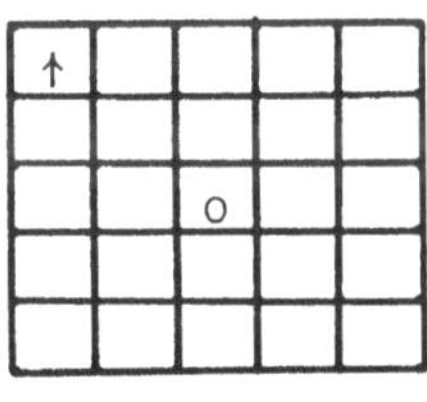

(Bild 2.1)

Das Murmeltier soll sich das Korn holen, das in seiner Welt auf einem bestimmten Feld liegt. Es startet in der linken oberen Ecke. (Siehe nebenstehendes Bild)

Ein entsprechendes Murmelprogramm ist schnell gefunden:

```
PROGRAM Korn_holen;
USES turtlegraphics,murmeltierwelt;
BEGIN initialisiere_die_Murmeltierwelt;
      links;links;
      vor;vor;
      links;
      vor;vor;
      nimm;
END.
```

Dieses Programm arbeitet allerdings nur dann korrekt, wenn sich auf dem Zielfeld wirklich ein Korn befindet. Anderenfalls kommt es zu einer Fehlermeldung. Das ist natürlich eine unbefriedigende Situation, denn wir müssen auf diese Weise für jede neue Murmeltierwelt ein eigenes Programm schreiben. Dieses Problem stellt sich uns allerdings nicht mehr, wenn Murmel gewisse elementare Entscheidungen selbst treffen kann. Das soll am folgenden Beispiel ausgeführt werden.

Wir haben bereits früher ein Programm geschrieben, durch das Murmel auf jedes Feld seiner Welt geführt wurde. Die Aufgabenstellung wird nun entsprechend abgeändert und wir gelangen zu einem Problem, dessen Lösung vom Murmeltier ein gewisses Maß an zusätzlicher "Intelligenz" verlangt. Insbesondere benötigt Murmel "Augen", um feststellen zu können, ob sich auf seinem Arbeitsfeld Körner befinden.

PROBLEM:

> Das Murmeltier soll jedes Feld seiner Welt genau einmal betreten und jedes Korn, das es zufällig antrifft, einsammeln.

Für die folgende Diskussion verkleinern wir die Murmeltierwelt auf eine 5 x 5 - Welt. Dann erhalten wir zunächst das folgende (bereits bekannte) Programm, durch das Murmel jedes Feld seiner Welt betritt. Es ist selbstverständlich, daß man von diesem Programm ausgehen muß. Anschließend muß es entsprechend der erweiterten Aufgabenstellung verändert werden.

```
PROGRAM Alle_Felder_betreten;
USES turtlegraphics,murmeltierwelt;

PROCEDURE kehrt;
BEGIN links;links END;

PROCEDURE rechts;
BEGIN kehrt;links END;

PROCEDURE Gehe_eine_Reihe;
BEGIN vor;vor;vor;vor; END;

PROCEDURE Gehe_zwei_Reihen;
BEGIN Gehe_eine_Reihe;
      links;vor;links;
      Gehe_eine_Reihe;
      rechts;vor;rechts;
END;
```

(Fortsetzung nächste Seite)

```
BEGIN initialisiere_die_Murmeltierwelt;

      kehrt;
      Gehe_zwei_Reihen;
      Gehe_zwei_Reihen;
      Gehe_eine_Reihe;

END.
```

Man könnte nun versucht sein, das Murmeltier zu beauftragen, auf jedem Feld, das es betritt, den Befehl "nimm" auszuführen. Das ist allerdings keine gute Lösung, da das entstehende Programm nur dann korrekt arbeitet, wenn sich auf jedem Feld der Welt mindestens ein Korn befindet. Beim ersten Feld ohne Korn "steigt" Murmel "aus" und es gibt eine entsprechende Fehlermeldung.

Das Problem wäre sofort gelöst, wenn das Murmeltier den Befehl "nimm_wenn_moeglich" verstünde. Dieses könnten wir ihm jedoch in einfacher Weise "beibringen", wenn es erlaubt wäre, zu schreiben:

```
PROCEDURE nimm_wenn_moeglich;
BEGIN
      WENN Feld NICHT leer DANN nimm        ( * )
END;
```

In PASCAL ist dieses tatsächlich möglich. Dazu müssen die fettgedruckten Schlüsselwörter WENN, DANN , NICHT nur noch ins Englische übersetzt werden.

Zum Befehl **nimm** ist in der Murmeltierwelt ein entsprechender **TEST** vorgesehen. Dieser lautet einfach

leer

und endet mit dem Ergebnis **TRUE** (für WAHR), wenn sich auf dem augenblicklichen Feld kein Korn befindet und mit dem Wert **FALSE** (für FALSCH), wenn auf dem Arbeitsfeld Murmels ein Korn liegt.

In PASCAL ist es möglich, Tests zu negieren, d.h. aus einem Test den gegenteiligen zu machen. Das geschieht einfach dadurch, daß man das PASCAL-Schlüsselwort **NOT** benutzt. Aus der folgenden Tabelle gehen die Ergebnisse hervor, mit denen die jeweiligen Tests enden können:

Korn auf Arbeitsfeld	leer	NOT leer
ja	FALSE	TRUE
nein	TRUE	FALSE

Statt (*) müssen wir also schreiben:

```
PROCEDURE nimm_wenn_moeglich;
BEGIN
  WENN NICHT leer DANN nimm        (**)
END;
```

Oben wurde bereits erwähnt, daß man dieses einfach in Pascal umsetzen kann, indem man die fettgedruckten Schlüsselwörter ins Englische übersetzt. Daher müssen wir statt (**) schreiben:

```
PROCEDURE nimm_wenn_moeglich;
BEGIN
  IF NOT leer THEN nimm
END;
```

Wir halten fest:

> Eine Anweisung der Form
>
> **IF** B **THEN** A
>
> heißt
>
> **BEDINGTE ANWEISUNG.**
>
> Dabei ist B eine Bedingung, die **WAHR** (TRUE) oder **FALSCH** (FALSE) sein kann. Die Anweisung A wird nur dann ausgeführt, wenn B wahr ist.

Nun sind wir mit dem nötigen Handwerkszeug gewappnet, um unser Problem zu lösen. Wir müssen das Programm "Alle_Felder_betreten" lediglich so abändern, daß Murmel auf jedem Feld den Befehl "nimm_wenn_moeglich" ausführt.

Beim folgenden Programmtext geht der Verfasser von der bislang benutzten Schreibweise für Programme ab. Das heißt, daß die Pascal-Schlüsselwörter nicht durch Fettdruck hervorgehoben sind. Statt dessen sind alle neuen Programmteile durch Fettdruck gekennzeichnet.

```
PROGRAM Alle_Felder_betreten;
USES turtlegraphics,murmeltierwelt;

PROCEDURE kehrt;
BEGIN links;links END;

PROCEDURE rechts;
BEGIN kehrt;links END;
```

(Forsetzung nächste Seite)

```
PROCEDURE nimm_wenn_moeglich;
BEGIN
      IF NOT leer THEN nimm
END;

PROCEDURE gehe_eine_reihe;
BEGIN
      vor;nimm_wenn_moeglich;
      vor;nimm_wenn_moeglich;
      vor;nimm_wenn_moeglich;
      vor;nimm_wenn_moeglich;
END;

PROCEDURE gehe_zwei_reihen;
BEGIN gehe_eine_reihe;
      links;
      vor;nimm_wenn_moeglich;
      links;
      gehe_eine_reihe;
      rechts;
      vor;nimm_wenn_moeglich;
      rechts;
END;

BEGIN initialisiere_die_Murmeltierwelt;

      kehrt;
      nimm_wenn_moeglich;
      gehe_zwei_reihen;
      gehe_zwei_reihen;
      gehe_eine_reihe;
END.
```

Wiederum erkennt man, daß der Aufbau von Programmen mit Hilfe geeignet gewählter Prozeduren eine Programmänderung erheblich vereinfacht, denn es sind wirklich nur einige wenige Änderungen notwendig.

Der Leser ist nun sicherlich imstande, ein ähnlich übersichtliches Programm unter Rückgriff auf Prozeduren zu erstellen. Um die Sache zu vereinfachen, greift die folgende Übungsaufgabe auf das eben besprochene Problem zurück.

ÜBUNG 2.1: Das Murmeltier soll im dick eingerahmten Gebiet sämtliche Körner einsammeln, die es findet. Es sei vorher nicht bekannt, wo die Körner liegen werden. (Siehe Bild 2.2 auf der folgenden Seite)

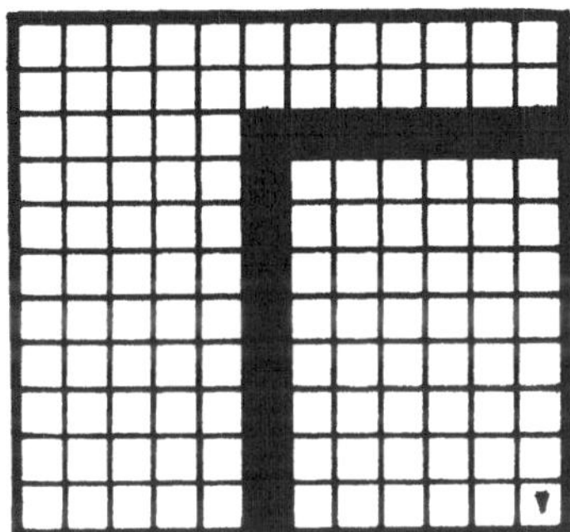

(Bild 2.2)

Die Programme haben nun eine völlig neue Eigenschaft im Vergleich zu allen Programmen, die wir bislang besprochen haben: Alle bisherigen Programme waren nur für ganz speziell gestaltete Murmeltierwelten lauffähig. Das Programm zu Übung 2.1 löst allerdings schon eine größere Klasse von Problemen. Diese neue Fähigkeit der Programme wird dadurch erworben, daß wir das Murmeltier in einem gewissen Sinne mit "Augen" versehen haben und es damit selbständige Entscheidungen fällen kann.

Zu jedem der "kritischen" Befehle gibt es einen entsprechenden Test. Dabei werden solche Befehle "kritisch" genannt, die u.U. zu einer Fehlermeldung führen. Einen Überblick gibt die folgende Tabelle:

Murmelbefehl	zugehöriger Test
vor	vornefrei
nimm	leer
gib	Tascheleer

Die Arbeit mit diesen Tests soll nun anhand einiger Übungsaufgaben trainiert werden.

Zuvor muß aber noch auf eine wichtige Ergänzung hingewiesen werden:

Will man mehr als nur eine Anweisung von der Erfüllung einer gewissen Bedingung abhängig machen, so muß man diese Gruppe der Anweisungen zu einem **Block** zusammenfassen. Das geschieht, indem man die Anweisungen, die zu einem Block zusammengefaßt werden sollen in **BEGIN** und **END** einschließt. Dann bekommt eine bedingte Anweisung etwa die folgende Gestalt:

```
IF Bedingung THEN
  BEGIN
      erste_Anweisung;
      zweite_Anweisung;
      dritte_Anweisung;
  END;
```

Schließlich ist es auch möglich, IF...THEN...-Anweisungen ineinander zu schachteln. So bewirkt

```
IF vornefrei THEN
   IF NOT leer THEN vor;
```

daß der **vor**-Befehl nur dann zur Ausführung kommt, wenn das Feld vor Murmel frei ist und wenn auf dem augenblicklichen Arbeitsfeld ein Korn liegt. Ist eine der Bedingungen nicht erfüllt, so führen diese beiden Programmzeilen zu keiner (sichtbaren) Aktion des Murmeltieres.

Andererseits ist es aber auch möglich, die beiden letzten Programmzeilen kürzer und auch leichter verständlich auszudrücken, indem man schreibt

```
IF vornefrei AND NOT leer THEN vor;
```

Es ist also möglich, mit Hilfe der Operation **AND** zwei Bedingungen zu einer Bedingung zusammenzufassen, die genau dann den Wert **TRUE** annimmt, wenn die beiden Bedingungen einzeln wahr sind.

Ebenso ist es möglich, aus zwei Bedingungen eine neue Bedingung zu formulieren, indem man sie mit **OR** verbindet. **OR** ist das englische Wort für ODER. Aus der folgenden Tabelle geht hervor, wie sich die Werte einer zusammengesetzten Aussage aus den Werten der Bausteine ergeben:

Bed1	Bed2	Bed1 **AND** Bed2	Bed1 **OR** Bed2
TRUE	TRUE	TRUE	TRUE
TRUE	FALSE	FALSE	TRUE
FALSE	TRUE	FALSE	TRUE
FALSE	FALSE	FALSE	FALSE

Eine mit **AND** zusammengesetzte Bedingung ist also nur dann wahr, wenn die beiden einzelnen Bedingungen schon wahr sind. Eine mit **OR** zusammengesetzte Bedingung ist schon dann wahr, wenn nur eine der beiden Bedingungen wahr ist, aber auch dann, wenn beide wahr sind, was hier im Gegensatz zum **entweder...oder** steht. Im Rahmen dieses Buches soll aber nicht weiter auf diese Probleme eingegangen werden, da sich die hier notwendigen Bedingungen immer auf natürliche Weise bilden lassen. Es sei aber darauf hingewiesen, daß bei komplizierter formulierten Bedingungen in vielen Fällen Klammern erforderlich sind, um die sich ergebende Aussage korrekt zu strukturieren. So ist es etwa bekannt, daß man auf die ODER-Verknüpfung verzichten kann, wenn man die beiden Verknüpfungen **NOT** und **AND** hat, denn die Bedingung

B1 **OR** B2

ist genau dann wahr, wenn NICHT zugleich B1 und B2 falsch sind. Dies ist gleichbedeutend mit

NOT ((**NOT** B1) **AND** (**NOT** B2))

Da hier nicht ein Buch über Aussagenlogik geschrieben werden soll, will der Verfasser es mit diesem Beispiel bewenden lassen. Im übrigen sind so komplizierte Abfragen im Zusammenhang mit den Beispielen dieses Buches nicht erforderlich!

Wir kommen nun zu den versprochenen Übungsaufgaben:

ÜBUNG 2.2: Murmel soll auf seinem Weg durch die gesamte Welt jedes Feld, das zwei Körner enthält, entleeren. Jedes Feld, das nur ein Korn trägt, soll unverändert bleiben.

ÜBUNG 2.3: Murmel habe weniger Körner in seiner Tasche als es Felder in der Welt gibt. Er soll auf seinem Weg durch die Welt sämtliche Körner verteilen.

ÜBUNG 2.4: Murmel soll bis zur Wand laufen und dort ein Korn ablegen. Es sei vorher lediglich bekannt, daß die Wand maximal 10 Felder vom Startfeld entfernt liegt.

Das Problem, das zum Programm von TABELLE 2.1 geführt hat, soll nun noch einmal in einer etwas abgewandelten Form besprochen werden.

PROBLEM: Das Murmeltier soll jedes Feld seiner Welt genau einmal betreten. Trifft es auf ein Feld, das ein Korn enthält, so soll dieses Korn aufgenommen werden. Trifft es auf ein leeres Feld, so soll es auf diesem Feld ein Korn ablegen. Mit anderen Worten: Murmel soll das Körnermuster in seiner Welt invertieren.

Offenbar müssen wir im Programm der TABELLE 2.1 lediglich die Prozedur "nimm_wenn_möglich" ersetzen durch eine Prozedur "invertieren", die das Verlangte leistet. Wir versuchen es zunächst auf die folgende Weise, indem wir wieder auf eine bedingte Anweisung zurückgreifen:

```
PROCEDURE invertieren;
BEGIN
  IF NOT leer THEN nimm;
  IF leer THEN gib;
END;
```

Man erhält nun das Programm zum ersten Lösungsversuch, wenn man im Programm der TABELLE 2.1 überall das Wort "nimm_wenn_moeglich" durch das Wort "invertieren" ersetzt. Läßt man dieses Programm laufen, so erlebt man eine herbe Enttäuschung: Das Murmeltier hinterläßt eine Welt, in der jedes Feld ein Korn enthält. Was ist passiert? Offenbar haben wir uns zu sehr dem üblichen Sprachgebrauch angepaßt, bei dem Verhaltensweisen, die in unterschiedlichen Fällen anzuwenden sind, durchaus in zwei nacheinander folgenden Sätzen formuliert werden können. Der Adressat der Verhaltensregeln wird daraus eine parallele Abfolge der entsprechenden Tests interpretieren. Dieses liegt daran, daß die natürlichen Sprachen interpretationsfähig und insbesondere interpretationsbedürftig sind. Unschärfe in der Formulierung ist ein wichtiges Hilfsmittel, um sprachliche Äußerungen einfach zu halten. Dabei wird vom Sprecher stets ein Hintergrund gemeinsamer Begriffe vorausgesetzt.

Die heutigen Computer verfügen im allgemeinen noch nicht über die Fähigkeit zur Interpretation. Aus diesem Grunde sind auch bestimmte Festlegungen über die Abfolge der einzelnen Anweisungen getroffen worden. So werden Anweisungen im allgemeinen nicht parallel verarbeitet, sondern nacheinander. Fragen wir uns deshalb, warum unser erster Versuch fehlgeschlagen ist.

ZUERST wird innerhalb der Prozedur "invertieren" die Anweisung "**IF NOT** leer **THEN** nimm" ausgeführt. Ist das Arbeitsfeld des Murmeltieres leer, so passiert an dieser Stelle gar nichts. Liegt ein Korn auf dem Arbeitsfeld, so wird dieses entfernt und in der Einkaufstasche des Murmeltieres gelagert. Erst DANACH wird überprüft, ob das Arbeitsfeld leer ist. Dieses stimmt in jedem Fall, denn die Anweisung "**IF NOT** leer **THEN** nimm" hat dafür gesorgt. Wenn also die Anweisung "**IF** leer **THEN** gib" aufgerufen wird, so ist in jedem Fall das Arbeitsfeld Murmels leer und es wird ein Korn abgelegt. Daher hinterläßt Murmel jedes Arbeitsfeld mit einem Korn.

Wir sind auf den oben beschriebenen Holzweg gekommen, weil offenbar in der Umgangssprache die beiden folgenden Textstücke häufig als gleichbedeutend angesehen werden:

VERSION 1: "Wenn das Feld nicht leer ist, dann nimm das Korn. Wenn das Feld leer ist, dann lege ein Korn ab."

VERSION 2: "Wenn das Feld nicht leer ist, dann nimm das Korn. Anderenfalls lege ein Korn ab."

Diese Freiheiten hat man aber bei der Formulierung eines Computerprogrammes nicht, da jede Kontrollstruktur eine festgelegte Bedeutung hat und auch in einer ganz bestimmten Weise verarbeitet wird. Jeder wird zustimmen, daß die VERSION 2 des obigen Textes in jedem Falle präziser ist. Würde man die Anweisungen der VERSION 1 auf zwei verschiedenen Zetteln schreiben - wie das häufig bei Bedienungsanleitungen der Fall ist - so würde man, wenn man stur vorgeht, in jedem Falle genauso handeln, wie das Murmeltier in unserem obigen Programm. Um dem Computer genau mitzuteilen, was wir meinen, müssen wir uns an die präzisere Version halten, da der Computer unsere Anweisungen in jedem Falle STUR NACHEINANDER bearbeitet. Er schaut nicht voraus bzw. ist auch gar nicht dazu in der Lage.

Um unser Problem zu lösen, müssen wir daher dem Computer eine Anweisung der Form "WENN x DANN y SONST z" mitteilen. Dieses ist in PASCAL möglich, wenn man sich der **zweiseitigen Entscheidung** bedient. Beachtet man, daß die Schlüsselwörter in PASCAL aus dem Englischen stammen, so erhält unsere Prozedur "invertieren" die folgende Gestalt:

```
PROCEDURE invertieren;
BEGIN
  IF NOT leer THEN nimm ELSE gib
END.
```

bzw. ohne die Negation der Bedingung **leer**

```
PROCEDURE invertieren;
BEGIN
      IF leer THEN gib
              ELSE nimm
END;
```

Es gibt also in PASCAL nicht nur die einseitige Entscheidung "**IF ... THEN ...**" sondern auch die zweiseitige Entscheidungsanweisung "**IF...THEN...ELSE...**". Wir fassen die Eigenschaften der zweiseitigen Entscheidungsanweisung im folgenden Kasten zusammen, der sich aus Platzgründen erst auf der folgenden Seite befindet.

Eine Anweisung der Form

IF B **THEN** A1 **ELSE** A2

heißt

ALTERNATIVE oder

zweiseitige Entscheidung.

Dabei ist B eine Bedingung, die WAHR (TRUE) oder FALSCH (FALSE) sein kann. Die Anweisung A1 wird ausgeführt, wenn B wahr ist. Ist die Bedingung B falsch d.h. nicht erfüllt, so wird die Anweisung A2 (die Alternative) ausgeführt.

Um den Umgang mit der zweiseitigen Entscheidung zu trainieren, werden die folgenden Übungsaufgaben empfohlen.

ÜBUNG 2.5: Ändere das Programm aus TAFEL 2.1 so ab, daß Murmel Felder, die zu Beginn mit zwei Körnern belegt sind, entleert, Felder, die zu Beginn ein Korn enthalten, unverändert läßt und ursprünglich leere Felder mit einem Korn versieht. Dabei soll sich das Ganze der Einfachheit halber in einer 5 x 5 - Welt abspielen.

ÜBUNG 2.6: Murmel steht auf einem Feld seiner Welt. Auf dem rechten oder dem linken Nachbarfeld befinde sich ein Korn. Murmel soll sich dieses Korn holen und anschließend wieder auf seinem Ausgangsfeld stehen. Es kann dabei vorkommen, daß das rechte bzw. das linke Nachbarfeld gar nicht betreten werden kann.

ÜBUNG 2.7: Murmel soll am Rande einer 5x5-Welt entlanglaufen. Dabei geben die Körner auf dem Startfeld an, wieviele Runden gedreht werden sollen. Es handele sich maximal um 5 Körner.

3 Murmel lernt dazu

Wir haben im letzten Kapitel schon einen gewaltigen Schritt nach vorne getan, indem wir das Murmeltier mit "Augen" versehen haben. Unsere bisherigen Programme konnten dadurch insofern verallgemeinert werden, als daß Murmel jetzt dazu in der Lage ist, bei einem vorprogrammierten Weg, unabhängig von der jeweiligen Anfangsverteilung irgendwelcher Körner, jedes Korn einzusammeln. Unser bisheriges Programm hat allerdings noch den großen Nachteil, daß es auf eine Welt mit bestimmten Ausmaßen zugeschnitten ist. Schön wäre es, wenn man ein Programm schreiben könnte, das in allen Welten korrekt arbeitet. Wir verallgemeinern unsere Aufgabenstellung also noch ein weiteres Mal und kommen zu folgendem

PROBLEM:

> Das Murmeltier soll jedes Feld seiner Welt genau einmal betreten. Dabei ist zum Zeitpunkt der Programmerstellung nicht bekannt, wie groß der betretbare Teil der Welt sein wird.

Eine solche Problemstellung hat durchaus praktischen Nutzen. Dieses wird deutlich, wenn man einen kurzen Augenblick vom Murmeltier abstrahiert und etwa an die Programmierung eines Roboters denkt, der einen bestimmten Aufgaben**TYP** beherrschen soll. Programmiert man ihn lediglich für eine bestimmte Aufgabe, so kann er auch nur diese erledigen. Kann man ein Programm für einen ganzen AufgabenTYP angeben, so hat man ihn in einem gewissen Sinne "intelligenter" gemacht.

Ein Programmierer sollte auf der Suche nach einem Programm zu einem vorgelegten Problem immer vom Menschen ausgehen, d.h. der Programmierer sollte sich in einem ersten Schritt überlegen, wie er die jeweilige Problemlösung einem Menschen erklären würde, denn dann ergibt sich sehr oft eine einfache Zerlegung in Teilprobleme. Aus diesem Grunde soll dieses auch für unser Problem geschehen.

Zuvor wird allerdings die Aufgabenstellung der Einfachheit halber wieder ein wenig eingeschränkt, indem wir lediglich fordern, daß die Murmeltierwelt nur in einer Richtung beliebig groß sein darf, wobei wir annehmen, daß weiterhin fünf Reihen zu begehen sind. Die Murmeltierwelt wird also nur in vertikaler Richtung vergrössert bzw. verkleinert. Durch diese Einschränkung des Problems erhalten wir den Vorteil, daß unser altbekanntes Programm wieder herangezogen werden kann, das wir dann nur noch der neuen Situation anpassen müssen. Auf diese Weise können wir dann schrittweise an die Lösung des allgemeinen Problems herankommen.

Diese Vorgehensweise stellt übrigens ein allgemeines Prinzip zur Lösung irgendwelcher Probleme dar: Löse zunächst ein Teilproblem und versuche es dann zu verallgemeinern. Dieses hat oft den Vorteil, daß bei der Lösung des Teilproblems schon Erkenntnisse gewonnen werden, die man bei der späteren Verallgemeinerung mitverwenden kann. Nach dieser allgemeinen Vorbemerkung konzentrieren wir uns aber wieder auf die Lösung des eigentlichen Problems.

Vergleicht man das alte Programm mit der vorgelegten Problemstellung, so wird schnell klar, daß im alten Programm lediglich die Prozedur **Gehe_eine_Reihe** verändert werden muß. Es sollte dem Leser bewußt werden, daß das Murmeltier befähigt werden muß, sich in **jeder** Welt zurechtzufinden. Daher stellen wir uns zunächst vor, wir selbst müßten in der Murmeltierwelt herumlaufen. Um der Lage des Murmeltieres möglichst nahe zu kommen, sollten wir dabei annehmen, daß unsere Augen verbunden sind. Wie würden wir dann vorgehen ?

Nun, am einfachsten gehen wir solange vorwärts, bis wir gegen die Wand laufen.Um dabei keinen Nasenstüber zu erhalten, strecken wir vorsichtshalber eine Hand nach vorne aus, und --

SOLANGE vorne keine Wand **MACHE** vor;

Das hört sich relativ komisch an, ist aber fast schon Pascal. Wichtig ist, daß wir den **vor**-Befehl WIEDERHOLT ausführen, SOLANGE es noch möglich ist. Pascal sieht eine solche Wiederholungsanweisung vor. In Pascal formuliert, erhalten wir unter Berücksichtigung der Fähigkeiten des Murmeltieres die folgende Prozedur:

```
PROCEDURE Gehe_eine_Reihe;
BEGIN
      WHILE vornefrei DO vor;
END;
```

Um zu einem Verständnis der **WHILE...DO...**-Anweisung zu kommen, soll hier dargestellt werden, wie der Rechner eine solche Anweisung behandelt. Das sogenannte Flußdiagramm aus Bild 3.1 wird dabei zur näheren Erläuterung herangezogen.

Stößt der Rechner im Verlaufe seiner Arbeit auf die Prozedur "Gehe_eine_Reihe", so testet er zunächst einmal, ob das Feld vor dem Murmeltier frei ist. Ist dieses der Fall, so wird die Anweisung **vor** ausgeführt, um anschließend von vorne zu beginnen.

Fällt der Test negativ aus, so wird die Bearbeitung der WHILE...DO...-Anweisung abgebrochen. Dieser Ablauf wird besonders deutlich durch das Flußdiagramm. Aus diesem Diagramm ist auch zu ersehen, wieso diese Anweisung auch oft als **Schleife** bezeichnet wird.

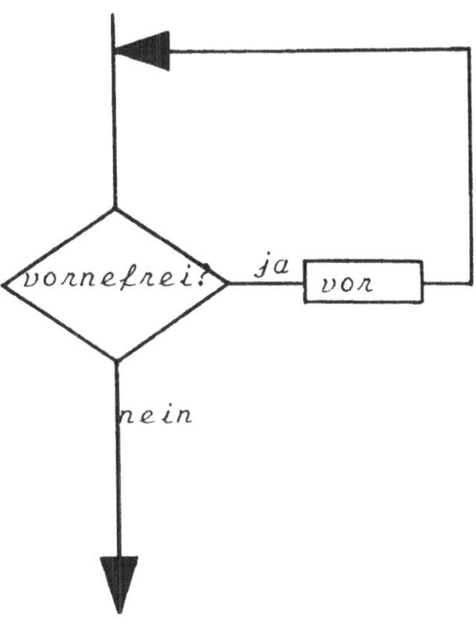

(Bild 3.1)

Es erscheint dem Verfasser wichtig, an dieser Stelle noch einmal deutlich den Unterschied zwischen **IF...THEN...** und **WHILE...DO...** herauszustellen. Unterrichtserfahrungen haben gezeigt, daß Schüler manchmal dazu neigen, **IF ...THEN...** statt **WHILE...DO...** zu verwenden. Das hängt wohl damit zusammen, daß wir in unserer Umgangssprache gewohnt sind, unpräsize Formulierungen stets aus dem Kontext heraus zu interpretieren. Dann ist es aber möglich, eine Formulierung der Form "WENN...DANN..." im Sinne von "SOLANGE...MACHE..." zu verwenden.

Anweisung an einen Fußballspieler:

"WENN das Tor nicht in erreichbarer Entfernung ist, DANN treibe den Ball voran."

Wird sicherlich von jedem interpretiert als:

"SOLANGE das Tor nicht in erreichbarer Entfernung ist, (MACHE) treibe den Ball voran."

Kein normaler Fußballspieler wird bei der ersten Formulierung nur einmal an den Ball treten und dann stehenbleiben. Solange der Raum vor dem Spieler frei ist, wird er sicher weiter in Richtung Tor streben.

Der Computer ist aber nicht dazu in der Lage, irgendwelche Anweisungen vollkommen selbständig, der jeweiligen Situation angepaßt aus dem Kontext heraus zu interpretieren. Daher sind eindeutige Regeln bzgl. des Sprachgebrauchs und insbesondere auch der Interpretation einer Anweisung durch den Rechner notwendig. An diese Regeln müssen wir uns halten.

Zu bemerken bleibt noch, daß die Unklarheit bzw. Unschärfe der natürlichen Sprachen keine Schwäche dieser darstellen, sondern gerade ihre Stärke ausmacht. Wir können "unklarer" formulieren und werden trotzdem richtig verstanden.

Die Klarheit, mit der ein Computerprogramm zu formulieren ist, stellt dagegen keine Stärke des Rechners dar, sondern macht es erforderlich, daß wir uns dem Rechner nähern, indem wir unsere Gedanken klar in der Sprache des Rechners formulieren und uns somit vom gewöhnlichen Gebrauch unserer Muttersprache entfernen. Andererseits zwingt sie dazu, daß sich der Programmierer über sämtliche Bedingungen eines Problems und seiner Lösung im Klaren ist, weil es ansonsten kaum gelingen wird, ein lauffähiges Programm zu entwickeln.

Fassen wir also zusammen:

Ist eine Anweisung mehrfach zu wiederholen, so kann man in Pascal die

WHILE-DO-Schleife

benutzen. Sie hat die folgende Form

WHILE B **DO** A

Dabei ist B eine Bedingung bzw. ein Test, der (dem) einer der Wahrheitswerte TRUE oder FALSE zuordnen ist (wird).Ist die Bedingung B erfüllt, so führt der Rechner die Anweisung A aus und beginnt anschließend von neuem mit dem Test der Bedingung B, um wiederum die Anweisung A auszuführen, falls die B weiterhin erfüllt ist. Ist die Bedingung irgendwann einmal nicht mehr erfüllt, und das kann bereits am Anfang sein, so wird die Bearbeitung der **WHILE-DO**-Schleife abgebrochen und mit derjenigen Anweisung fortgefahren, die auf die **WHILE-DO**- Schleife folgt.

Es muß darauf hingewiesen werden, daß es ähnlich wie bei der bedingten Anweisung vorkommen kann - und auch oft vorkommt -, daß nicht nur eine Anweisung in jedem Schritt zu wiederholen ist, sondern eine ganze Gruppe von Anweisungen. Wieder kann man sie durch das Einklammern mit **BEGIN** und **END** zu einem Block zusammenfassen. Man kann selbstverständlich auch der Gruppe von Anweisungen einen eigenen Namen geben und dann eine Prozedur daraus machen. Diese Vorgehensweise wird im allgemeinen die Lesbarkeit des Programmes erhöhen.

Um das Gesagte noch zusätzlich zu verdeutlichen wird in Bild 3.2 ein Flußdiagramm angegeben, das die Arbeitsweise einer WHILE...DO-Schleife beschreibt, bei der im Falle des Zutreffens der gegebenen Bedingung zwei Anweisungen durchzuführen sind.

So sieht

```
WHILE Bedingung DO
  BEGIN erste_Anweisung; zweite_Anweisung END;
```

in Flußdiagrammform wie folgt aus:

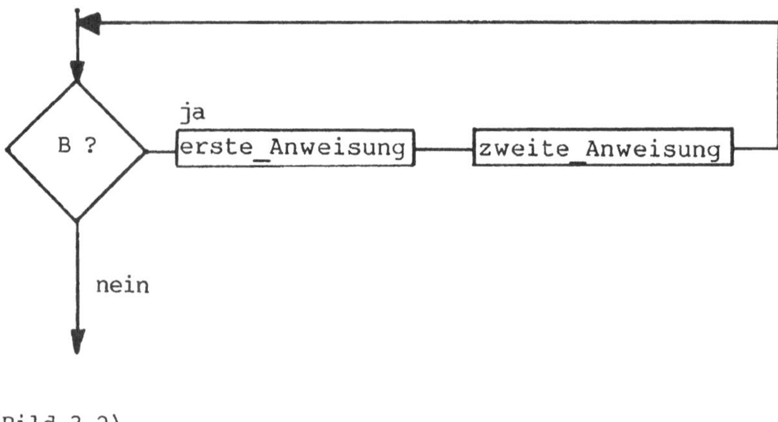

(Bild 3.2)

Mit Hilfe der **WHILE...DO**-Schleife erhält unser (eingeschränktes) Problem die folgende Lösung:

```
PROGRAM Alle_Felder_betreten;
USES turtlegraphics,murmeltierwelt;

PROCEDURE kehrt;
BEGIN links;links; END;
PROCEDURE rechts;
BEGIN kehrt;links; END;

PROCEDURE Gehe_eine_Reihe;
BEGIN WHILE vornefrei DO vor; END;

PROCEDURE Gehe_zwei_Reihen;
BEGIN
  Gehe_eine_Reihe;
  links; vor; links;
  Gehe_eine_Reihe;
  rechts; vor; rechts;
END;        (* Fortsetzung nächste Seite *)
```

```
BEGIN
  initialisiere_die_Murmeltierwelt;
  kehrt;
  Gehe_zwei_Reihen;
  Gehe_zwei_Reihen;
  Gehe_eine_Reihe;
END.
```

TABELLE 3.1

Dieses Programm hat nun eine gänzlich neue Qualität gewonnen, weil es dazu eingesetzt werden kann, das Murmeltier durch jede beliebige Welt zu schicken. Murmel wird dann jedes Feld der Welt genau einmal betreten, sofern die Welt nur aus fünf Spalten besteht. Die folgende Übungsaufgabe soll die Fähigkeiten dieses Programms noch dahingehend erweitern, daß Murmel zusätzlich alle Körner einsammelt, die zufällig in der Welt verteilt sind.

ÜBUNG 3.1: Ändere das Programm aus der letzten Tabelle so ab, daß Murmel befähigt wird, jedes Korn aufzunehmen, das sich in der Welt findet.

Wir können uns nun damit befassen, die zusätzlichen Einschränkungen fallen zu lassen, mit der unsere bisherigen Lösungen noch behaftet sind. D.h., wir werden die Begrenzung der Welt auf fünf Reihen aufgeben und die Welt auch in horizontaler Richtung beliebig vergrößern.

Offenbar können wir unsere bisherige Strategie weiterverfolgen und Murmel jeweils Zweierreihen begehen lassen. Ist die Anzahl der Reihen eine gerade Zahl, so müssen wir die Prozedur "Gehe_zwei_Reihen" genügend oft aufrufen. Wie häufig das geschehen soll, muß aber das Murmeltier selbst feststellen. Aus der Zeichnung in Bild 3.3 geht noch einmal hervor, welche Wirkung die Prozedur **Gehe_zwei_Reihen** hat.

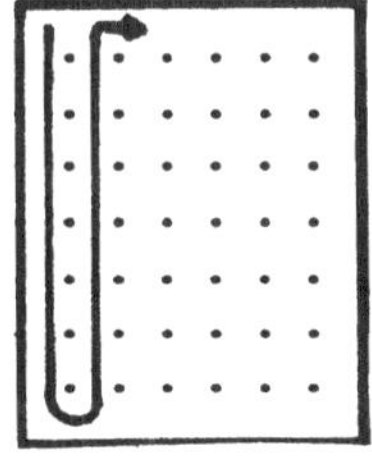

(Bild 3.3)

In der bisherigen Form bewirkt die Prozedur, daß das Murmeltier nach dem Weg über zwei Reihen bereits am Anfang der nächsten Reihe steht. Auf welche Weise kann nun Murmel feststellen, ob er noch zwei Reihen gehen muß oder ob er die Aufgabe bereits erfüllt hat? Anhand der Zeichnung erkennt man, daß das Murmeltier eine solche Entscheidung folgendermaßen treffen könnte: Wenn Murmel nach dem Begehen einer Zweierreihe nach rechts schaut und bereits am Anfang der nächsten Reihe steht, dann ist eine Zweierreihe noch genau dann zu beschreiten, wenn das Feld vor Murmel frei ist.

Aber Vorsicht! So einfach darf man sich die Sache nicht machen, denn es gibt Situationen, in denen sich Murmel gar nicht mehr an den Anfang der nächsten Reihe begeben kann, weil es gar keine nächste Reihe mehr gibt. Das ist dann der Fall, wenn die Welt eine gerade Anzahl von Reihen besitzt. Das bedeutet, daß diejenigen Befehle aus der Prozedur "Gehe_zwei_Reihen" herausgenommen werden müssen, die das Murmeltier schon an den Anfang der nächsten Reihe bringen. Dieser Teilweg muß gesondert programmiert werden und Murmel in eine solche Situation bringen, aus der heraus er auf eine einfache Weise feststellen kann, ob noch eine Zweierreihe zu begehen ist.

Demnach ist die Prozedur "Gehe_zwei_Reihen" folgendermaßen zu realisieren:

```
PROCEDURE Gehe_zwei_Reihen;
BEGIN
  Gehe_eine_Reihe;
  links; vor; links;
  Gehe_eine_Reihe;
  rechts; (* vor; rechts; *)
END;
```

TABELLE 3.2

Der Unterschied zur alten Version besteht darin, daß die in den Kommentarklammern (* ... *) stehenden Befehle zu streichen sind.

Murmel schaut nach Bearbeitung der Prozedur aus TABELLE 3.2 nach rechts. Ist dann das Feld vor ihm betretbar, so ist noch mindestens eine Reihe zu gehen. Ist das Feld blockiert, so handelt es sich um eine Welt, die aus einer geraden Anzahl von Reihen besteht und jedes Feld wurde bereits einmal betreten.

Nach diesen Vorüberlegungen können wir nun einen ersten Versuch wagen und eine vorläufige "Arbeitsversion" des Hauptprogrammes aufschreiben:

```
PROGRAM Alle_Felder_einer_beliebigen_Welt;
USES turtlegraphics,murmeltierwelt;

   (* Deklarationen *)
BEGIN
  initialisiere_die_Murmeltierwelt;
  rechts;
  WHILE vornefrei DO
    BEGIN
      rechts;
      gehe_zwei_Reihen;
      IF vornefrei THEN vor;
    END;
END.
```

TABELLE 3.3

Läßt man dieses Programm ausführen, so erkennt man, daß es vollkommen korrekt arbeitet, wenn die Welt aus geradzahlig vielen Reihen besteht. Handelt es sich um eine Welt mit 1,3,5,7,... Reihen, so wird die letzte Reihe nicht mehr betreten. Eine Ergänzung dieses Programmes führt dann zu

```
PROGRAM Alle_Felder_einer_beliebigen_Welt;
USES turtlegraphics,murmeltierwelt;

   (* Deklarationen *)
```

(Fortsetzung nächste Seite)

```
BEGIN
  initialisiere_die_Murmeltierwelt;
  rechts;
  WHILE vornefrei DO
    BEGIN
      rechts;
      gehe_zwei_Reihen;
      IF vornefrei THEN vor;
    END;
  rechts;
  Gehe_eine_Reihe;
END.
```

TABELLE 3.4

Dieses ist aber immer noch keine allgemeine Lösung, denn das Programm arbeitet nur für Welten, die ungeradzahlig viele Reihen besitzen.

Es gibt verschiedene Möglichkeiten, um die beiden Programme zu einer allgemeinen Lösung des Problems zu verschmelzen. Die eine Möglichkeit besteht darin, die letzte Reihe mit ungerader Nummer bereits in der **WHILE..DO**-Schleife zu begehen. Dazu müssen wir herausfinden, an welcher Stelle der Schleife feststellbar ist, daß nur noch eine Reihe möglich ist.

Wenn der Befehl "gehe_zwei_Reihen" innerhalb der Schleife ausgeführt wurde, so ist noch mindestens eine Reihe zu begehen, wenn das Feld vor dem Murmeltier frei ist. Das Murmeltier geht dann durch den Befehl "**IF** vornefrei **THEN** vor" an den Anfang der nächsten Reihe. Es handelt sich genau dann um die letzte Reihe, wenn das Feld, das jetzt vor dem Murmeltier liegt, blockiert ist. An dieser Stelle könnten wir dann die letzte Reihe begehen. Wir erhalten das folgende Programm aus TABELLE 3.5, wenn wir diese Idee ausführen. Aus drucktechnischen Gründen findet sich das Programm erst auf der folgenden Seite.

Weil Murmel nach Ausführung des Befehls "gehe_eine_Reihe" nach unten schaut, steht er dann vor einem blockierten Feld und die Abbruchbedingung der **WHILE...DO**-Schleife ist erfüllt.

Das Programm ist nicht mehr ganz so übersichtlich wie die Programme, die wir bislang geschrieben haben. Im nächsten Kapitel werden wir aber eine weitere Möglichkeit der Programmiersprache Pascal kennenlernen, die es gestattet auch dieses Programm in einer sehr lesbaren Form darzustellen.

```
PROGRAM Alle_Felder_einer_beliebigen_Welt;
USES turtlegraphics,murmeltierwelt;

   (* Deklarationen *)

BEGIN
  initialisiere_die_Murmeltierwelt;
  rechts;
  WHILE vornefrei DO
    BEGIN rechts;
          gehe_zwei_Reihen;
          IF vornefrei THEN
            BEGIN vor;
              IF NOT vornefrei THEN
                BEGIN rechts;
                  gehe_eine_Reihe;
                END;
            END;
    END;
END.
```

TABELLE 3.5

ÜBUNG 3.2: Bei der zweiten Möglichkeit, die allgemeine Lösung zu programmieren, wird die letzte Reihe einer Welt mit ungeradzahlig vielen Reihen außerhalb der **WHILE...DO**-Schleife begangen. Durch eine passende Blickrichtung Murmels nach Abschluß der Schleife kann man auch dann noch feststellen, ob noch eine Reihe zu gehen ist oder nicht. Man gebe die entsprechende Lösung an! (Z.B. könnte Murmel nach oben schauen, wenn er am Anfang der letzten Reihe steht. Er kann dann feststellen, ob er in einer Ecke seiner Welt steht.)

ÜBUNG 3.3: Auf dem Feld in der linken oberen Ecke befinden sich unbekannt viele Körner. Murmel soll alle Körner einsammeln und sie auf das Feld bringen, daß sich in der rechten unteren Ecke seiner Welt befindet.

ÜBUNG 3.4: Man ergänze das Programm aus TABELLE 3.4 bzw. aus ÜBUNG 3.2 so, daß Murmel sämtliche Körner einsammelt, die er auf seinem Weg durch die Murmeltierwelt findet. Dabei können sich auf einem Feld auch mehrere Körner befinden.

ÜBUNG 3.5: Ein anderer Ansatz zur Lösung des Problems dieses Kapitels besteht darin, daß Murmel die letzte Reihe seiner Welt mit einem Korn markiert, bevor er sich auf den mehr oder weniger langen Weg über sämtliche Felder macht.

ÜBUNG 3.6: Man schreibe ein Programm, das Murmel dazu bringt, unentwegt am Rande seiner Welt entlang zu laufen.
Man ändere dieses Programm dann so ab, daß man die Anzahl der Runden, die Murmel laufen soll, zu Beginn durch eine bestimmte Anzahl von Körnern festlegt, die Murmel auf einem bestimmten Feld, etwa dem Startfeld vorfindet.

ÜBUNG 3.7: Irgendwo in Murmels Welt, deren Größe bei Programmerstellung nicht bekannt sein soll, findet sich ein rechteckiges Gebiet mit Körnern. Es ist jetzt Herbst und Murmel soll sich zur Ernte aufmachen und sämtliche Körner einsammeln. Dieses Problem wird auch gelöst durch das Programm aus ÜBUNG 3.4, jedoch soll nun ein Programm geschrieben werden, das Murmel auf möglichst wenige Felder seiner Welt führt.

Die eingesammelten Körner sollen zum Abschluß auf dem Startfeld Murmels abgelegt werden. Wir können uns gut vorstellen, daß es sich dabei um seine Kornkammer handelt.

ÜBUNG 3.8: Murmel soll sämtliche Felder seiner Welt invertieren, d.h. daß er auf seinem Weg durch seine Welt auf jedem Feld, das er leer vorfindet, ein Korn hinterläßt und jedes Feld, das er mit einem Korn vorfindet, leer macht.

ÜBUNG 3.9: Murmel befinde sich am Anfang eines Weges, der mit Hilfe einer Körnerspur in seiner Welt markiert ist. Murmel soll diesen Weg entlanglaufen.
(Hinweis: Wir werden diese Übung an einer späteren Stelle wieder aufgreifen, wenn weitere sprachliche Hilfsmittel bereitstehen, um dieses Problem auf einfachere Weise zu lösen. Es wird aber dennoch empfohlen, diese Übung bereits jetzt zu bearbeiten, denn dann kann man später den Unterschied besser einsehen.)

Am Ende dieses Kapitels soll erwähnt werden, daß wir an dieser Stelle eigentlich den Kurs zur Einführung in die Programmiersprache Pascal abbrechen könnten, da nun sämtliche Sprachmittel zur Lösung eines jeden Problems bereitstehen. Dabei sind alle Probleme eingeschlossen, die sich auf irgendeine Weise mit irgendeinem Computer lösen lassen. M.a.W., wir könnten sämtliche Aufgaben, die ein Computer erfüllen kann, mit Hilfe der Murmeltierwelt lösen, doch werden wir aufgrund der zu erwartenden Rechenzeiten diesen Versuch wohl kaum wagen. Ein späteres Kapitel zeigt z.B, wie man dem Murmeltier das Rechnen beibringen kann. Der Grund für diese kühne Behauptung ist die sogenannte CHURCHsche These, auf die wir noch im Kapitel 6 eingehen werden. Hier sei nur soviel gesagt, daß die Mathematiker versucht haben, den Begriff "Berechenbarkeit" bzw. "algorithmische Lösbarkeit" zu präzisieren. Dabei sind verschiedene Versuche gemacht worden, die sich aber letztendlich als äquivalent erwiesen haben. Wir werden später sehen, daß das Murmeltier bzw. die Murmeltierwelt auch als Präzisierung des Begriffes "Berechenbarkeit" dienen kann. Aufgrund der CHURCHschen These ist damit die Murmeltierwelt universell zur Lösung algorithmisch lösbarer Probleme einsetzbar.

Allerdings muß die **WHILE...DO**-Anweisung dabei zur Verfügung stehen, denn ohne eine solche Anweisung kann man im wesentlichen nur lineare Programme schreiben, bei denen naturgemäß jede Anweisung höchstens einmal durchgeführt wird bzw. gar nicht ausgeführt wird, wenn die Bedingung in einer IF...THEN...(ELSE)-Anweisung nicht erfüllt ist. Dadurch ist der Bereich der lösbaren Probleme stark eingeschränkt. Durch die Einführung der **WHILE...DO**-Anweisung haben wir uns von dieser Einschränkung befreit und können jetzt "im Prinzip" alles.

Diese Mächtigkeit der zur Verfügung gestellten Sprachmittel soll uns allerdings nicht davon abhalten, weitere Möglichkeiten der Programmiersprache Pascal kennenzulernen, die uns das Leben dann beim Programmieren wesentlich erleichtern können. Man kann sich nämlich vorstellen, wie kompliziert manche Dinge aufzuschreiben sind, wenn wir lediglich die bislang vorgestellten Sprachmittel benutzen. Das hat gewisse Ähnlichkeiten mit natürlichen Sprachen. Hat jemand nämlich nur ein begrenztes Vokabular zur Verfügung, so wird er sich in einer Fremdsprache dadurch helfen, daß er die fehlenden Vokabeln mit den zur Verfügung stehenden zu umschreiben sucht. Man kann sich leicht vorstellen, daß nicht immer die beabsichtigte Information beim Gesprächspartner ankommt. Ähnlich können beim Programmieren Fehler unterlaufen, wenn versucht wird, mit einem begrenzten Vokabular auszukommen.

Im folgenden Kapitel wird das letzte wichtige Sprachmittel der Programmiersprache Pascal vorgestellt, das im Rahmen unserer Murmelprogrammierung von Bedeutung ist. Daran anschließend werden einige Projekte besprochen, die man im Zusammenhang mit der Murmeltierwelt durchführen kann. Diese Projekte haben verschiedene Berührungspunkte zu den unterschiedlichsten Gebieten der Informatik und der Mathematik.

4 Selbstdefinierte Tests

Im bisherigen Verlauf des Kurses haben wir gelernt, wie man den Befehlssatz des Murmeltieres um neue Befehle erweitern kann, indem man sich des Sprachmittels **PROCEDURE** bedient. Ein Beispiel ist die sehr häufig benutzte Anweisung "Gehe_eine_Reihe", die wir in den verschiedensten Versionen kennengelernt haben. Ebenso wie diese und die vom Leser selbst eingeführten Befehle wurden auch die Grundbefehle des Murmeltieres auf einer tieferen Stufe ebenfalls als Prozeduren eingeführt. Der Besitzer der Turbo Pascal Version der Murmeltierwelt kann sich das in der zugehörigen Quelldatei ansehen.

Der Grundbefehlssatz des Murmeltieres enthält aber nicht nur Anweisungen, die zur Ausführung irgendwelcher AKTIONEN führen, sondern auch TESTS, mit deren Hilfe man unter Rückgriff auf die **IF...THEN...(ELSE...)**- oder die **WHILE...DO..** -Anweisung sich selbst steuernde Programme entwerfen kann. Nichts liegt nun näher als die Frage, ob man nicht nur neue AKTIONEN sondern auch eigene (komplexere) TESTS definieren kann. Dieses ist in der Sprache Pascal in der Tat möglich und so ist die Definition neuer Test-Operationen das Thema dieses Abschnittes.

Wie immer führen wir die Diskussion an einem Beispiel durch, das die Notwendigkeit dieses neuen Sprachmittels möglichst deutlich machen soll. Dabei soll "Notwendigkeit" nicht heißen, daß man unbedingt darauf zurückgreifen muß, sondern soll eher andeuten, daß es sich dabei um eine Bequemlichkeit handelt mit großen Vorteilen für die Entwicklung von Programmen. Der Verfasser hofft, daß das folgende Beispiel dazu geeignet ist, dieses recht deutlich werden zu lassen. Wir kommen zu folgendem

PROBLEM

In der Mitte der Murmeltierwelt ist mit Hilfe von Barrieren eine Laufstrecke aufgebaut. Unser sportliches Murmeltier benutzt jeden Morgen dieses Stadion, um seine Kondition zu verbessern. Es sucht von seinem Startfeld aus (wie immer handelt es sich dabei um das Feld in der linken oberen Ecke) das Stadion auf, läuft eine Runde und kehrt anschließend nach Haus zurück. Vor Programmerstellung ist die Lage des Stadions nicht bekannt. Ebenso ist auch nicht klar, an welcher Seite des Stadions der Einlauf für Marathonläufer liegt, der natürlich von Murmel benutzt wird.

PROBLEMLÖSUNG

Wer einige Zeit über die Aufgabenstellung nachgedacht hat wird bemerkt haben, daß es sich bei der ganzen Sache um eine relativ komplizierte Aufgabe handelt. Wir werden in dieser Lösungsbeschreibung aber nicht das gesamte Programm erarbeiten, sondern nur die wichtigsten Teile. Der Rest wird dann dem Leser zur Übung empfohlen.

Das Problem zerfällt offenbar in mehrere Teilprobleme. Eine mögliche Zerlegung liest man aus dem folgenden Hauptprogramm ab.

```
PROGRAM jogging;
USES turtlegraphics,murmeltierwelt;

    (* Deklarationen *)

BEGIN initialisiere_die_Murmeltierwelt;
      suche_das_Stadion;
      suche_den_Eingang;
      drehe_eine_Runde;
      schleppe_dich_nach_Haus_zurueck;
END.
```

Wir beschränken uns hier auf die Entwicklung der beiden Prozeduren zum Suchen des Eingangs bzw. zum Drehen einer Runde.

Bei der Suche des Stadions muß berücksichtigt werden, daß im Prinzip jedes Feld der Murmeltierwelt in Frage kommen kann. Daher werden wir mit Sicherheit auf unsere Erkenntnisse zurückgreifen können, die wir im Zusammenhang mit dem Problem gewonnen haben, sämtliche Felder zu betreten.

Für den Heimweg ist anzumerken, daß zur Zeit der Programmerstellung keinerlei Informationen darüber vorliegen, wo der Eingang des Stadions liegt. Aus diesem Grunde ist auch nicht bekannt, mit welcher Blickrichtung Murmel das Stadion verlassen wird. Es gibt hier verschiedene Möglichkeiten, den Heimweg zu finden. Eine der

Möglichkeiten ist mit dem Stichwort "Ariadne-Faden", eine weniger aufwendige mit dem Stichwort "Marke" verbunden.

Mehr soll allerdings an dieser Stelle nicht verraten werden. Wer neugierig ist, sollte sich trotzdem nicht in den Lösungsteil dieses Buches verirren, ohne vorher selbst nachgedacht zu haben, denn "PROGRAMMIEREN LERNT MAN NUR DURCH DAS PROGRAMMIEREN SELBST!".

Konzentrieren wir uns also auf das Problem "Suche_den_Eingang". Wieder sollten wir an dieser Stelle zunächst von uns selbst ausgehen, also fragen, wie ein Mensch das Problem lösen würde. Um zu einem sinnvollen Ansatz zu kommen, legen wir zuerst die Blickrichtung des Murmeltieres fest, die es haben soll, wenn das Stadion gefunden ist. Wir gehen davon aus, daß die Wand des Stadions vor dem Murmeltier liegt, wenn das Stadion gefunden wurde. Nun müssen wir uns entscheiden, ob wir links herum oder rechts herum wandern wollen, wenn wir den Eingang suchen. Entscheiden wir uns für rechts, so haben wir die Außenmauer des Stadions zu unserer Rechten und gehen anschließend solange an der Außenwand entlang, bis wir in dieser eine Lücke finden; dabei muß es sich dann um den Eingang handeln.

Dieses naheliegende Verfahren kann wieder direkt in die Programmiersprache Pascal übersetzt werden, wobei in der ersten Verfeinerungsstufe allerdings Operationen benutzt werden müssen, die erst später in völliger Feinheit definiert werden. Diese Vorgehensweise sollte aber schon bekannt und zur Gewohnheit geworden sein, denn sie stellt einen der wesentlichen Schritte beim strukturierten Programmieren dar. Es ergibt sich:

```
PROCEDURE suche_den_Eingang;
BEGIN
  links; (* Wand rechts*)
  WHILE NOT Tuer_gefunden DO
    gehe_an_der_Wand_entlang;

END;
```

Hier wird allerdings zunächst einmal angenommen, daß der neue Test **Tuer_gefunden** (wir benutzen die mit NOT negierte Version) in irgendeiner Weise programmiert werden kann. Es wird sich gleich zeigen, wie man dieses im Rahmen der Programmiersprache Pascal realisieren kann. Zuvor sollte aber noch überlegt werden, wodurch sich die Aussage **Tuer_gefunden** als wahr erweisen kann:

Wenn der Eingang des Stadions gefunden ist, so muß das rechte Nachbarfeld Murmels frei sein. Dieses kann aber auch dann passieren, wenn Murmel an einer Hausecke geradeaus gegangen ist. Somit müssen wir zusätzlich fordern, daß es sich bei dem freien rechten Nachbarfeld nicht um ein Feld handelt, wie es in der folgenden Zeichnung durch **x** dargestellt ist.

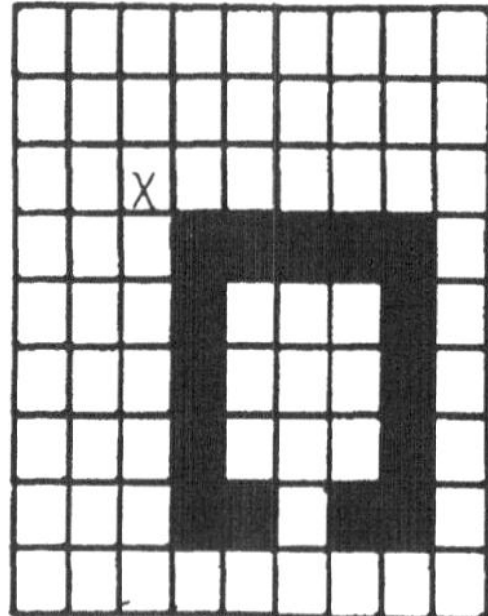

(Bild 4.1)

Wie definiert man nun einen neuen Test im Rahmen von Pascal ? Dazu bedient man sich einer sogenannten **Funktions-Deklaration.** Diese ist ähnlich aufgebaut wie eine PROCEDURE-Deklaration, allerdings mit zwei wesentlichen Unterschieden:

- Das Schlüsselwort ist FUNCTION !

- Der Wertebereich der FUNCTION muß angeben werden, da es in Pascal auch Funktionen gibt, die Zahlen und nicht die beiden Wahrheitswerte TRUE bzw. FALSE als Werte annehmen. Solche Funktionen, die Zahlen als Werte haben, sind dem Leser u.U. schon aus der Mathematik bekannt.

Der Wertebereich, der die beiden möglichen Wahrheitswerte TRUE und FALSE enthält, hat in Pascal den Namen "BOOLEAN" zu Ehren des englischen Logikers George BOOLE, der im letzten Jahrhundert mit seiner Algebra der Logik (die heute auch unter dem Namen "BOOLESCHE ALGEBRA" bekannt ist) die mathematischen Grundlagen zur Konstruktion elektronischer Schaltkreise und damit auch der Konstruktion von Computern gelegt hat.

Die Definition des neuen Testes sieht demnach wie folgt aus:

```
FUNCTION Tuer_gefunden:BOOLEAN;
BEGIN
        ......
END;
```

Der Wertebereich einer Funktion wird in Pascal also im Kopf der Funktionsdeklaration hinter dem Namen der Funktion und einem Doppelpunkt angegeben. Die eigentlichen Anweisungen, die dann letztendlich dazu führen, daß die Funktion einen Wert zugewiesen bekommt, werden wie bei der PROCEDURE in BEGIN und END eingeklammert.

Es wird sich zeigen, daß man diese Funktion unter Rückgriff auf weitere selbstdefinierte Funktionen definieren muß, wenn die oben geschilderten Gedanken aus der Formulierung des Programmtextes hervorgehen sollen, was ja auch eine wichtige Forderung des strukturierten Programmierens ist.

Wir erhalten die folgende Formulierung, wenn wir die Eigenart Pascals berücksichtigen, daß formal dem **Namen** der Funktion innerhalb des zugehörigen Teilprogramms ein Wert zugewiesen werden muß:

```
FUNCTION Tuer_gefunden:BOOLEAN;
BEGIN  IF rechtsfrei AND keine_Hausecke
       THEN Tuer_gefunden := TRUE
       ELSE Tuer_gefunden := FALSE;
END;
```

Die Wertzuweisung an den Namen der Funktion geschieht dadurch, daß man schreibt "Tuer_gefunden := TRUE". Dabei wird die Operation der Wertzuweisung in Pascal durch die Zeichenkombination ":=" dargestellt. Man sollte die Wertzuweisung wie folgt lesen:

```
Tuer_gefunden            :=            TRUE

Tuer_gefunden     bekommt den Wert     TRUE
```

Für den Test "rechtsfrei" ergibt sich ohne große Überlegungen sofort die folgende Festlegung

```
FUNCTION rechtsfrei:BOOLEAN;
BEGIN rechts;
      IF vornefrei THEN rechtsfrei:= TRUE
                   ELSE rechtsfrei:= FALSE;
      links;
END;
```

Oder auch einfacher (aber für manche schwerer verständlich):

```
FUNCTION rechtsfrei:BOOLEAN;
BEGIN
  rechts;
  rechtsfrei:=vornefrei;
  links;
END;
```

An dieser Stelle muß unbedingt auf folgendes wichtige Merkmal der Funktion "rechtsfrei" hingewiesen werden:

> Insgesamt ändert sich durch den Test nichts an der Situation des Murmeltieres. D.h. obwohl innerhalb der Testausführung eine Bewegung des Murmeltieres stattfindet, hat es nach der Ausführung wieder seinen alten Zustand, der durch seine Blickrichtung und das besetzte Feld festgelegt ist. Dieses Prinzip sollte man sich bei jedem selbstdefinierten Test zu eigen machen, um bei späterer Verwendung des Testes nicht böse Überraschungen zu erleben, wenn man bei der Benutzung die evtl. herbeigeführte Zustandsänderung nicht berücksichtigt hat.
>
> Man sagt dann, eine solche FUNCTION sei frei von Seiteneffekten.

ÜBUNG 4.1: Gebe eine geeignete Definition für den Test "keine_Hausecke" an.

Man sollte wirklich versuchen, diese Aufgabe vollständig durch eigene Überlegungen zu lösen, da es sich nach Ansicht des Verfassers um eine sehr lehrreiche Aufgabe handelt. Es geht nämlich darum, den Test unter Rückgriff auf die Geometrie der Tür bzw. einer Hausecke zu definieren. Aber mehr sei an dieser Stelle nicht verraten.

ÜBUNG 4.2: Gebe die Prozeduren **suche_das_stadion** und **suche_den_eingang** vollständig an.

Um noch einmal deutlich zu machen, wie man die selbstdefinierten Tests benutzt, soll an dieser Stelle noch angegeben werden, wie man die Prozedur **drehe_eine_Runde** im Einzelnen programmieren muß. Dazu müssen wir uns zuerst überlegen, wie das Murmeltier feststellen kann, ob es eine vollständige Runde hinter sich gebracht hat. Selbstverständlich kann man das Rundendrehen in ähnlicher Weise programmieren, wie die Suche nach dem Eingang des Stadions. Allerdings haben wir es jetzt etwas einfacher, da das Hauseckenproblem nicht auftritt, wenn wir davon ausgehen, daß der Eingang des Stadions nicht in irgendeiner Ecke liegt. Wir gehen hier weiter davon aus, daß sich Murmel noch nicht im Stadion befindet, wenn er den Eingang gefunden hat, sondern er soll mit Blickrichtung auf die Tür vor dem Eingang des Stadions stehen. (Siehe dazu Bild 4.2)

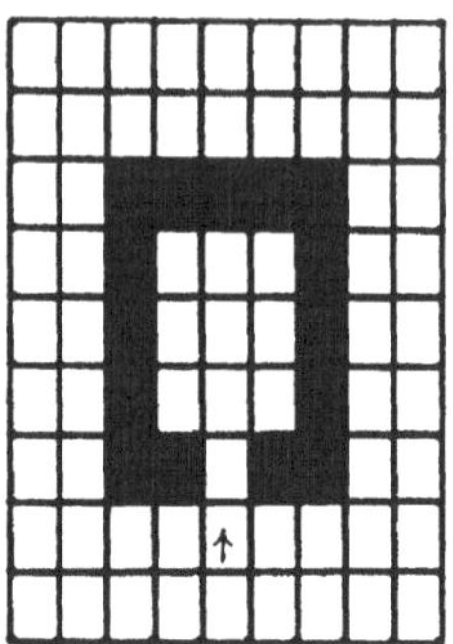

(Bild 4.2)

Murmel muß also zuerst in das Stadion hineingehen, bevor er seine Runden dreht. Damit erhält die gewünschte Prozedur das folgende Aussehen:

```
PROCEDURE drehe_eine_Runde;
BEGIN
    gehe_ins_Stadion_und_an_den_Start;
    WHILE Runde_noch_nicht_fertig DO
      laufe_am_Rande_des_Stadions_entlang;
 END
```

Dabei sehen die beiden Prozeduren **gehe_ins_Stadion...** und **laufe_am_Rande...** wie folgt aus. Bei der zweiten Prozedur muß beachtet werden, daß jedesmal höchstens ein **vor**-Befehl ausgeführt werden darf, weil der Test **Runde_noch_nicht_fertig** nach jedem Schritt ausgeführt werden muß, denn jeder Schritt könnte der letzte sein.

```
PROCEDURE gehe_ins_Stadion_und_an_den_Start;
BEGIN
  vor; vor;
  rechts; vor; (* im Hinblick auf die folgende *)
               (* FUNCTION darf der Startpunkt *)
               (* nicht in Höhe des Eingangs   *)
               (* liegen                       *)
END;

PROCEDURE laufe_am_Rand_des_Stadions_entlang;
BEGIN
  IF vornefrei THEN vor ELSE links;
END;
```

Die Funktion **Runde_noch_nicht_fertig** soll überprüfen, ob rechts neben Murmel ein freies Feld liegt, was genau dann der Fall ist, wenn die Runde vollständig durchlaufen wurde, da Murmel dann wieder neben der Eingangstür des Stadions steht. Demnach darf der Startpunkt für die Runde auch nicht direkt neben dem Eingang liegen, weil sonst bereits zu Beginn (fälschlicherweise) angenommen würde, die Runde sei bereits durchlaufen. Damit wir einfach auf den Test **vornefrei** zurückgreifen können, haben wir den Startpunkt nicht direkt neben den Eingang gelegt.

```
FUNCTION Runde_noch_nicht_fertig:BOOLEAN;
BEGIN
  Rune_noch_nicht_fertig := NOT rechtsfrei;
END;
```

Nun könnte jemand auf die Idee kommen, im Rahmen der Prozedur **drehe_eine_Runde**, sofort **rechtsfrei** zu schreiben, anstelle der wesentlich längeren Bezeichnung **Runde_noch_nicht_fertig.** Dieses ist selbstverständlich in Ordnung. Andererseits ist aber die angegebene Version wesentlich lesbarer und für einen Fremden leichter verständlich als die kürzere Version, die auf die Deklaration eines eigenen Testes **Runde_noch_nicht_fertig** verzichtet.

Der Verfasser bevorzugt aber die angegebene Version, da sie den angegebenen Vorteil der größeren Lesbarkeit besitzt und auf der anderen Seite auch eher die Entwicklungsgeschichte des Programmes widerspiegelt, denn der Verfasser ist natürlich nach der TOP-DOWN-Methode vorgegangen und hat erst in einem späteren Entwicklungsschritt bemerkt, daß die Arbeit schon erledigt war.

Es wurde zu Beginn des Kapitels behauptet, daß die Notwendigkeit für das neue Sprachmittel **FUNCTION** anhand des vorgelegten Beispiels verdeutlicht werden kann. Daher soll im folgenden zur Verdeutlichung dieses Sachverhaltes noch angegeben werden, wie man die Prozedur **drehe_eine_Runde** ohne das Hilfsmittel **FUNCTION** programmieren kann.

```
PROCEDURE drehe_eine_Runde;
BEGIN
    gehe_ins_Stadion_und_an_den_Start;
    rechts;
    WHILE NOT vornefrei DO
      BEGIN
        links;
        laufe_am_Rande_des_Stadions_entlang;
        rechts;
      END;
END;
```

Vor der **WHILE...DO**-Schleife muß der Befehl **rechts** ausgeführt werden, damit das Murmeltier in Richtung auf die Stadionmauern schaut, da wir den Schleifenabbruch nur mit Hilfe des Testes **vornefrei** realisieren können. Aus diesem Grunde muß der erste Befehl innerhalb der Schleife auch **links** lauten, um die Rechtsdrehung wieder rückgängig zu machen. Am Schleifenende folgt dann wieder ein **rechts**-Befehl, damit die Schleifen-Abbruchbedingung wiederum korrekt überprüft werden kann.

ÜBUNG 4.3: Die soeben angegebene Prozedur **drehe_eine_-Runde** kann nicht in das oben dargestellte Programm eingefügt werden, da sie einen Seiteneffekt aufweist. Aus diesem Grunde ist sie noch um einen Befehl zu erweitern, der diesen Seiteneffekt wieder aufhebt. Man stelle fest, um welchen Befehl es sich handelt und vervollständige die Prozedur so, daß sie sich nahtlos in das übrige Programm einfügen läßt, ohne daß überflüssige oder unerwartete Seiteneffekte auftreten.

Man wird zugeben, daß eine Programmierung, die ohne die Verwendung von Prozeduren auskommen will, nicht so schnell durchschaubar ist, wie die zuerst angegebene. Außerdem werden bei dieser Programmierweise die einzelnen Befehle bzw. Tests auseinandergerissen, die zur Feststellung dienen, ob das rechte Nachbarfeld betreten werden kann. Bei der Programmierung mit dem sprachlichen Hilfsmittel **FUNCTION** gestalten sich die Dinge einfacher und übersichtlicher. Auf diese Weise kann man auch eine größere Sicherheit bezüglich der richtigen Funktionsweise des Programmes gewinnen. Die letzte Übung dient vor allem dazu, dieses zu verdeutlichen.

Es folgen jetzt noch eine Reihe von Übungen, die das neue Sprachmittel **FUNCTION** einüben. Andererseits handelt es sich nach Ansicht des Verfassers auch um eine Reihe interessanter Problemstellungen, durch deren Lösung das Murmeltier dazu befähigt wird, eine ganze Reihe intelligenter Dinge zu tun.

ÜBUNG 4.4: Murmel steht am Anfang einer Körnerspur. Er soll diese Spur entlanglaufen und dabei sämtliche Körner einsammeln. Man schreibe ein Programm, das für jede Körnerspur funktioniert. Dabei müssen die Spuren allerdings aussehen, wie im folgenden Bild. Das bedeutet vor allen Dingen, daß die Spur sich nicht selbst schneidet und auch nicht längs eines Stückes unmittelbar neben einem anderen Teilstück verlaufen darf.

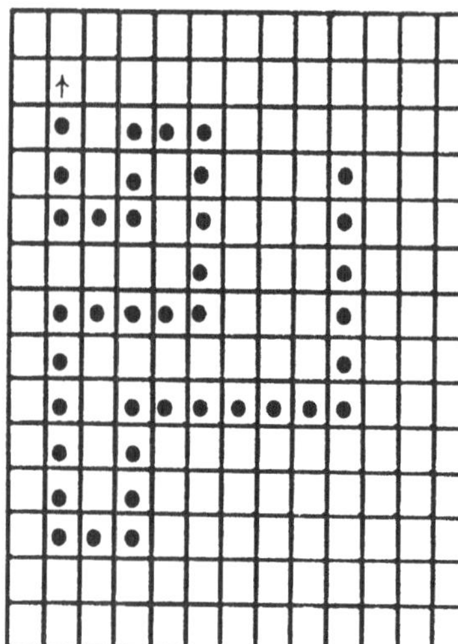

(Bild 4.4)

Diese Übung wurde bereits weiter oben gestellt, als allerdings das neue Sprachmittel noch nicht zur Verfügung stand. Aus diesem Grunde sollte man seine jetzige Lösung auch noch einmal mit der damaligen vergleichen.

ÜBUNG 4.5: Es handelt sich hierbei im wesentlichen um die gleiche Aufgabenstellung, wie in der letzten Übung. Der Unterschied besteht darin, daß Murmel die Körner der Spur einsammeln soll und auf sein Startfeld zurückkehren soll.

ÜBUNG 4.6: Murmel befinde sich in einem Labyrinth. Der Ausgang aus dem Labyrinth ist durch ein Korn gekennzeichnet. (Siehe auch das folgende Bild). Murmel soll den Ausgang suchen. Man schreibe das Programm so, daß es in allen Fällen korrekt arbeitet, in denen sämtliche Wände des Labyrinths miteinander verbunden sind. Wir werden an späterer Stelle ein Programm entwickeln, das für Labyrinthe mit Inseln geeignet ist. Wer möchte, kann sich an diesem schärferen Problem allerdings auch schon jetzt versuchen.

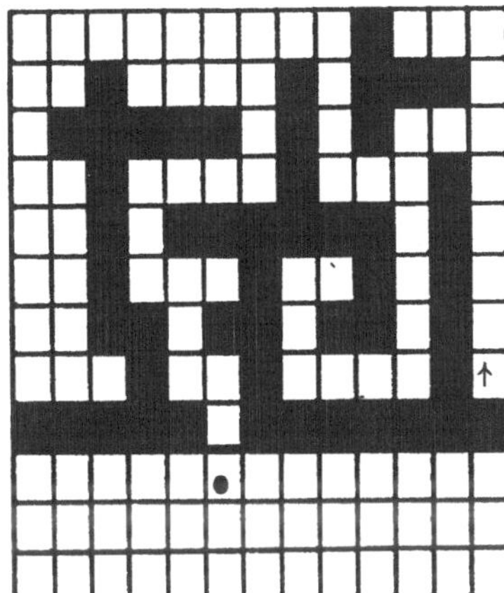

(Bild 4.5)

ÜBUNG 4.7: In Bild 4.6 ist ein Berg dargestellt. Murmel soll ihn besteigen und auf der anderen Seite wieder hinabsteigen. Die konkrete Form des Berges sei bei Programmerstellung nicht bekannt, d.h., es ist nach einem Programm gesucht, das in allen Fällen korrekt arbeitet.

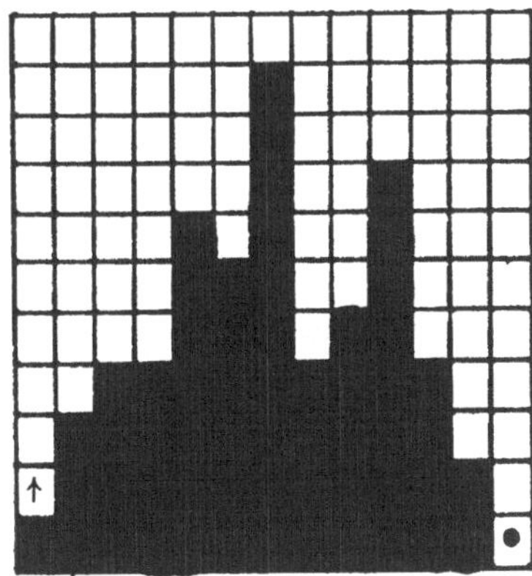

(Bild 4.6)

ÜBUNG 4.7: Murmel soll durch seine Welt wandern und dabei jedes Feld mindestens einmal betreten. Findet er Dreiergruppen von Körnern, so soll er diese und nur diese einsammeln. Eine Dreiergruppe liegt dann vor, wenn drei in vertikaler Richtung aufeinanderfolgende Felder ein Korn enthalten. Eine solche Dreiergruppe muß oben und unten jeweils durch ein leeres Feld abgegrenzt sein.

ÜBUNG 4.8: Murmel soll wie in der letzten Übung verschiedene Körnermuster in seiner Welt aufsuchen und die zugehörigen Körner einsammeln. Der Leser denke sich die Zielmuster selbst aus.

ÜBUNG 4.9: Wie die beiden letzten Übungen, jedoch soll die Orientierung der Muster beliebig sein, das soll heißen, daß die Muster auch um 90o oder 180o verdreht sein dürfen.

Hinweis zu den drei letzten Übungen:

Man kann das Programm **Alle_Felder_betreten** zur Grundlage nehmen. Das Murmeltier muß dann auf jedem betretenen Feld feststellen, ob hier das gesuchte Muster beginnt. Man wird feststellen, daß die Programme, je nach Komplexität des Musters, eine ziemlich hohe Rechenzeit aufweisen. Auf diese soll es aber nicht ankommen. Es zeigt sich aber, welch hohe Rechenzeiten man auch in der Praxis zu erwarten hat, wenn man Rechner mit "Augen" ausstatten will, die bestimmte Muster etwa in Bildern lokalisieren können. Dieses Problem spielt in der Praxis eine große Rolle bei der Konstruktion von Robotern, die etwa auf einem Fließband bestimmte Einzelteile unabhängig von der jeweiligen Orientierung erkennen sollen. Bei den meisten im Einsatz befindlichen Industrierobotern ist es dagegen erforderlich, daß die Einzelteile für ein Produkt auf ganz bestimmte Weise auf dem Band bzw. in einem Vorratsbehälter liegen müssen. Zur Zeit werden erste Erfolge bei dem Problem erzielt, etwa Schrauben aus einem Korb zu entnehmen, die dort alle möglichen Orientierungen haben können. Die vorgelegten Übungen vermitteln einen allerersten Eindruck von der Schwierigkeit, solche Mustererkennungsautomaten zu konstruieren.

Mit diesen Aufgaben soll dieses Kapitel und damit auch die grundlegende Einführung in die Programmiersprache Pascal beendet werden. Im folgenden werden die bislang aufgestellten Programmierprinzipien noch an einer Reihe von Problemstellungen eingeübt, die auch unabhängig vom Murmeltier eine gewisse Bedeutung innerhalb der Informatik aufweisen. Insbesondere wird sich dabei auch herausstellen, daß man jedes nur denkbare Problem, welches mit Computern bearbeitet und gelöst werden kann, auch auf die Murmeltierwelt übertragen kann und es demnach alleine durch ein regelgemäßes Verschieben von Körnern bzw. Körnermustern lösen kann. In der Tat benötigen wir dazu keine weiteren Kenntnisse über die

Programmiersprache Pascal, die selbstverständlich noch einen wesentlich größeren Umfang besitzt, als er bislang dargestellt wurde.

Wer sich noch ein wenig - wie derVerfasser - vom Murmeltier faszinieren lassen möchte, der sollte ruhig weiterlesen. Wer aber Probleme aus der täglichen Programmierpraxis angehen möchte, der sollte sich mit den weiterführenden Büchern über die Programmiersprache Pascal befassen. Im Literaturverzeichnis findet man dazu eine größere Auswahl.

Auch für die Programmierung in anderen Bereichen als der Murmeltierumgebung sind die folgenden Programmierprinzipien mit Erfolg anzuwenden.

1. Versuche, das Problem in verschiedene Teilprobleme zu zerlegen.

2. Wähle für die Bezeichnung der Teilprobleme "sprechende" Namen. Aus diesen sollte möglichst klar hervorgehen, worin das Teilproblem bzw. die Teilaufgabe besteht.

3. Löse schrittweise die Teilprobleme, wobei diese selbst wieder in (Unter-)Teilprobleme zerfallen können.

4. Führe für jede neue Teilaufgabe eine eigene Prozedur bzw. Funktion ein.

Geht man nach diesen Prinzipien vor, so kann man sehr weit in der gewohnten Umgangssprache formulieren. Dieses kann die Arbeit erheblich vereinfachen, da wir gewohnt sind, in der Umgangssprache zu denken. Insbesondere spart man bei größeren Programmieraufgaben erheblich an Entwicklungszeit, weil die Fehlersuche einfacher ist und das Programm von vorneherein eine übersichtliche Struktur erhält. So hat der Verfasser die Prozedursammlung zur Simulation der Murmeltierwelt im wesentlichen an einem Nachmittag geschrieben, obwohl es sich dabei um vier- bis fünfhundert Programmzeilen handelt.

5 Einfache Projekte in der Murmeltierwelt

In diesem Kapitel soll an einer Reihe von Beispielen das Programmieren im TOP-DOWN-Verfahren eingeübt werden. Zugleich soll deutlich gemacht werden, welche Fähigkeit das Murmeltier durch die bislang erlernten PASCAL-Elemente erworben hat. Der Verfasser hofft, daß die gewählten Beispiele für den Leser interessant genug gewählt wurden. Sie haben teilweise Berührungspunkte zur Praxis, haben den Verfasser aber auch sich heraus interessiert.

Die Beispiele in diesem Kapitel werden immer nach dem folgenden Schema bearbeitet:

1.Schritt:

Es wird zuerst überlegt, wie gewisse Gegebenheiten innerhalb der Murmeltierwelt darzustellen sind. (Soll Murmel etwa das Rechnen erlernen, so muß festgelegt werden, wie die Zahlen in der Murmeltierwelt darzustellen sind.)

2.Schritt:

Ein allgemeines Verfahren zur Lösung des vorgelegten Problems muß gefunden werden. Dieses ist zunächst so zu formulieren, als sei es für einen Menschen gedacht. Dadurch ergibt sich zumeist auf natürliche Weise eine Zerlegung des eigentlichen Problems in untergeordnete Teilprobleme. Unter Umständen kann sich hier zeigen, daß der erste Schritt zu wiederholen ist, weil sich etwa ergeben hat, daß die gewählte Darstellung der Problemsituation zu einem ungeeigneten Verfahren führt. (Auch in der Praxis zeigt sich häufig, daß die gewählte Art der Datendarstellung großen Einfluß auf die eigentlichen Programme hat). Das bedeutet auch, daß in der Regel die beiden ersten Schritte nicht unabhängig voneinander bearbeitet werden können.

3.Schritt:

Die im zweiten Schritt gefundene, allgemeine Formulierung der Problemlösung wird in ein Hauptprogramm umgesetzt, das in Pascal formuliert ist und allgemeine Bezeichnungen für die noch zu deklarierenden Befehle enthält. Eventuell können auch im 2.Schritt schon Elemente der Programmiersprache Pascal benutzt werden, um das gewählte Verfahren zu formulieren.

4.Schritt:

Die im zweiten und dritten Schritt gefundenen Teilprobleme werden nacheinander gelöst. Dabei wird sich oft herausstellen, daß die Lösung eines Teilproblems in weitere Teilprobleme zerfällt. Das bedeutet, daß jetzt der 2. und der 3.Schritt jeweils für die einzelnen Teilprobleme anzuwenden sind. Auf diese Weise wird die Problemlösung **schrittweise verfeinert** bis wir auf der Sprachebene angekommen sind, die nur noch Murmelbefehle benutzt.

Bei der Durchführung dieser Entwicklungsschritte zeigt sich immer wieder, daß das Programmieren mit häufigen Übersetzungsprozessen verbunden ist: Im ersten Schritt müssen unsere Ideen, die in der Sprache unseres Gehirns formuliert sind, umgesetzt werden in die natürliche Sprache, d.h. in unsere Muttersprache. Im nächsten Schritt müssen wir den muttersprachlichen Text in die Programmiersprache übersetzen. Alle diese Prozesse verlaufen aber nicht unabhängig voneinander, sondern finden mehr oder weniger gleichzeitig statt. Dabei kann es auch Rückwirkungen geben, die unsere Vorstellungen über die Problemlösung beeinflußen.

5.1. Murmel erlernt das Rechnen

Am Ende des letzten Kapitels wurde behauptet, daß mit den bisher bekannten Elementen der Programmiersprache Pascal und der Murmeltierwelt jedes, von Computern lösbare Problem bearbeitet werden kann. Als erste Bewährungsprobe in dieser Richtung soll Murmel das Rechnen erlernen, wobei wir uns selbstverständlich nur auf die einfachsten Gesetze der Arithmetik beschränken werden. Eine der einfachsten Rechenoperation ist sicherlich die Addition, so daß diese jetzt in den Mittelpunkt des Interesses rückt.

Gemäß oben angegebenem Vorgehensmuster muß zuerst entschieden werden, wie die zu addierenden Zahlen in der Murmeltierwelt darzustellen sind.

Es gibt verschiedene Möglichkeiten, Zahlen in der Murmeltierwelt darzustellen, doch kommt man angesichts des zu lösenden Problems sofort auf die Idee, die beiden Zahlen durch eine entsprechende Anzahl von Körnern auf zwei, vorher ausgewählten Feldern darzustellen. So kann etwa die Aufgabe "3+7" durch drei Körner auf dem ersten Feld der ersten Zeile und durch fünf Körner auf dem zweiten Feld der ersten Zeile in die Murmeltierwelt übertragen werden.

Es zeigt sich sofort, daß diese Art der Datendarstellung unmittelbar zu einem zugehörigen Additionsprogramm führt:

> Man erhält das Additionsergebnis auf dem dritten Feld, indem man die Körner der beiden ersten Felder vollständig einsammelt, um sie dann anschließend auf dem dritten Feld vollständig wieder abzulegen.

Das zugehörige Pascal-Hauptprogramm kann aus dieser Formulierung unmittelbar gewonnen werden und ergibt sich etwa zu:

```
PROGRAM addition;
USES turtlegraphics, murmeltierwelt;

   (* Deklarationen *)

BEGIN
  initialisiere_die_Murmeltierwelt;
  sammle_alle_Koerner_des_ersten_Feldes;
  nimm_auch_alle_Koerner_des_zweiten_Feldes;
  Lege_alle_Koerner_auf_dem_dritten_Feld_ab;
END.
```

ÜBUNG 5.1: Verfeinere die eben angegebenen Prozeduren. Es ist wahrscheinlich überflüssig, darauf hinzuweisen, daß sich die beiden ersten Prozeduren sehr ähnlich sind, so daß es sich lohnt, die Gemeinsamkeiten in einer weiteren Prozedur festzuhalten.

ÜBUNG 5.2: Man überlege sich, wie man bei der vorgeschlagenen Zahldarstellung die Subtraktion realisieren könnte. Man beachte, daß das Ergebnis einer Subtraktion auch negativ sein kann. Es muß dann entsprechend markiert werden, damit der Benutzer erkennen kann, ob er das Ergebnis positiv oder negativ werten muß.

ÜBUNG 5.3: Es ist auch möglich die Multiplikation zweier Zahlen auf der Grundlage der gewählten Zahldarstellung zu programmieren. Zur Lösung sei der Hinweis gegeben, daß die Multiplikation als wiederholte Addition aufgefaßt werden kann.

ÜBUNG 5.4: Man denke sich selbst eine beliebige Rechenoperation aus und versuche sie in einem passenden Programm zu verwirklichen.

Die bislang benutzte Zahldarstellung hat sicherlich den Vorteil, daß die Rechenoperationen und dabei insbesondere die Addition auf recht einfache Weise programmiert werden können. Andererseits zeigt sich aber, daß eine große Rechenzeit in Kauf zu nehmen ist, wenn die zu bearbeitenden Zahlen eine gewisse Größe erreichen. Aus diesem Grunde ist es sicherlich sinnvoller, eine andere Art der Darstellung zu suchen. (Es zeigt sich hier deutlich, daß der erste Schritt der Programmentwicklung und der zweite Schritt tatsächlich eng miteinander verknüpft sind.)

Bei der Suche nach einer anderen Zahldarstellung kommt es uns zu Hilfe, daß wir selbst Additionen auf eine vollkommen andere Art und Weise ausführen, denn wir zählen auch nicht mit den Fingern, sondern es steht mit der schriftlichen Addition ein wesentlich effektiveres Verfahren zur Verfügung. Im Rest dieses Abschnittes befassen wir uns daher mit der Frage, wie das gewohnte Verfahren der schriftlichen Addition auf die Murmeltierwelt übertragen werden kann.

Wenn schriftliche Rechnungen auszuführen sind, greifen wir im Normalfall immer auf das Dezimalsystem zurück. Dieses ist zwar historisch bedingt, denn es sind auch andere Systeme möglich, und im Zusammenhang mit der Computerei auch üblich. Gemeinsam ist allen diesen Zahldarstellungssystemen, daß es sich immer um ein **Stellenwertsystem** handelt. Damit später auch noch andere Stellenwertsysteme - insbesondere das Dualsystem - behandelt werden können, soll das Dezimalsystem an dieser Stelle etwas ausführlicher dargestellt werden.

Die Zeichenfolge **3451** wird - aus Gewohnheit - fast immer in der folgenden Weise interpretiert

3451 = **3** Tausender + **4** Hunderter + **5** Zehner + **1** Einer

Diese Interpretation kennt jeder Leser bereits aus der Grundschule. Man kann nämlich damit die Gesetzmäßigkeiten der Addition, etwa das Bilden des Übertrages ("1 im Sinn"), dadurch erklären, daß gilt

10 Einer = 1 Zehner
10 Zehner = 1 Hunderter
10 Hunderter = 1 Tausender

.
.
.

Immer dann, wenn bei der Addition zweier Stellen mehr als 10 Einer, Zehner, Hunderter, Tausender, etc. zusammenkommen, so werden zur nächsten Stelle entsprechende Anzahlen von Zehnern, Hundertern, Tausendern, Zehntausendern, etc. addiert.

Die schriftliche Additon zweier Zahlen kann darauf zurückgeführt werden, daß man jeweils zwei einstellige Zahlen addiert und anschließend einen eventuellen Übertrag in die nächste Stelle berücksichtigt.

Es sei etwa die folgende Situation gegebenen:

	5	6	4
	6	3	8
?	?	?	?

Die Addition innerhalb der einzelnen Zellen überführt diese Tabelle in die folgende Form:

	5	6	4
	6	3	8
	11	9	12

Dabei kann in den einzelnen Zellen der letzten Zeile maximal die Zahl 19 stehen. Es ist genau dann ein Übertrag zu berücksichtigen, wenn in einer Zelle eine Zahl steht, die mindstens 10 ist. Die Überträge werden dadurch behandelt, daß man in der letzten Zeile schrittweise von rechts nach links vorgeht und in jeder Zelle, die mindestnes die Zahl 10 enthält, 10 Körner fortnimmt - stellen wir uns ruhig für einen Moment vor, es handelte sich dabei um Körner - und dafür ein Korn in die nächste Zelle bringt. Ein erster Schritt führt dann zu

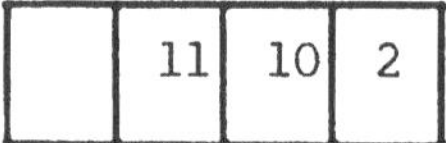

Nun kann die zweite Zelle von rechts behandelt werden und wir erhalten

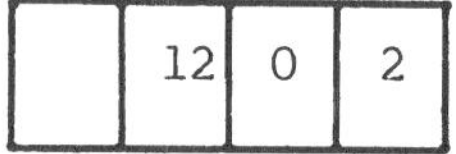

Schließlich ergibt sich das Endergebnis zu

1	2	0	2

Die Vorstellung, daß die eben durchgeführten Manipulationen mit Körnern durchgeführt wurden, ist hilfreich bei der Übertragung des Verfahrens auf die Murmeltierwelt.

Über die Darstellung der beiden Zahlen in der Murmeltierwelt müssen wir uns keine großen Gedanken machen, denn sie ist offensichtlich.

Das Rechenverfahren kann folgendermaßen formuliert werden:

1. Schiebe die Körner der ersten Zeile und der zweiten Zeile senkrecht nach unten in die dritte Zeile.

2. Zähle die Körner in den einzelnen Feldern. Bist Du dabei auf 10 Körner gekommen, so lege diese beiseite und lege ein zusätzliches Korn in das linke Nachbarfeld. Behandele das linke Nachbarfeld genauso. Führe dieses Verfahren solange durch, bis alle Felder der Ergebniszeile bearbeitet sind.

Beim Zählen der Körner wird also festgestellt, ob ein Übertrag zu berücksichtigen ist. Finden sich 10 oder mehr Körner auf einem Feld, so sind 10 zu entfernen und dafür ein Korn auf das linke Nachbarfeld zu bringen (10 Einer = 1 Zehner ; 10 Zehner = 1 Hunderter; usf.).

Das eben geschilderte Verfahren kann direkt in ein Murmelprogramm übersetzt werden und man erhält:

```
PROGRAM Schriftliche_Addition;
USES turtlegraphics, murmeltierwelt;
     (* Deklarationen *)
BEGIN
  initialisiere_die_Murmeltierwelt;
  schiebe_die_beiden_Zahlen_zusammen;
  gehe_zur_Einerstelle_des_Ergebnisfeldes;
  WHILE NOT Alle_Felder_bearbeitet DO
    BEGIN
      behandel_den_Uebertrag;
      gehe_zur_naechsten_Stelle;
    END;
  zeige_das_Ergebnis_an;
END.
```

Die letzte Prozedur des Programms soll dazu dienen, das Ergebnis in übersichtlicher Weise darzustellen, denn auf dem Bildschirm sieht ein Feld mit nur einem Korn genauso aus wie ein Feld mit zwanzig Körnern. Sie wird hier nicht angegeben.

Bislang wurden noch keine Angaben darüber gemacht, ob Murmel zu Beginn der Berechnungen irgendwelche Hilfskörner in seiner Tasche bereithält. Es wird sich zeigen, daß das gar nicht notwendig ist, weil bei der Behandlung des Übertrages immer noch einige Körner übrigbleiben.

Denkt man an den Befehl, der Murmel zur Einerstelle bringen soll, so erscheint es sinnvoll, daß man die Spalte rechts von der Einerstelle mit Barrieren vollstellen sollte. Dann ist nämlich die Einerstelle der einzelnen Zahlen immer durch einen sehr einfachen Test zu finden.

Um die Programmierung weiter zu vereinfachen, wird festgelegt, daß Murmel nach Abschluß einer jeden Funktion und Prozedur stets nach oben schauen soll. Zudem beachten wir das Prinzip, daß FUNCTIONs keine Seiteneffekte aufweisen sollen. Auf diese Weise stellen wir sicher, daß die einzelnen FUNCTIONs und PROCEDUREs anschließend korrekt zusammenarbeiten. Dadurch wird Murmel zwar nicht zum schnellsten Addierer, aber wir können sicherer sein, daß das Programm korrekt arbeiten wird. Der Verfasser muß zugeben, daß dadurch manche Dinge aufwendiger werden, aber er hat diese Festlegung getroffen, um sicher zu sein, daß hier ein korrektes Programm abgedruckt wird. Die Programme sind nämlich nicht immer an einem Tag entstanden, sondern es sind teilweise Wochen vergangen, bevor der Verfasser sich wieder mit den einzelnen Kapiteln befaßt hat, um sie zu vervollständigen. Aus diesem Grunde sind die getroffenen Festlegungen eine Notwendigkeit.

Es kann nun damit begonnen werden, die einzelnen Prozeduren zu verfeinern. Dabei wird ein Teil der Arbeit in die Übungsaufgaben verlagert. Am besten beginnen wir sogleich mit einer

ÜBUNG 5.5: Verfeinere die Prozedur

schiebe_die_beiden_Zahlen_zusammen.

Bedenke dabei, daß rechts neben den Feldern, die die Darstellung der Zahlen aufnehmen, Barrieren gesetzt sind. (Siehe auch das folgende Bild)

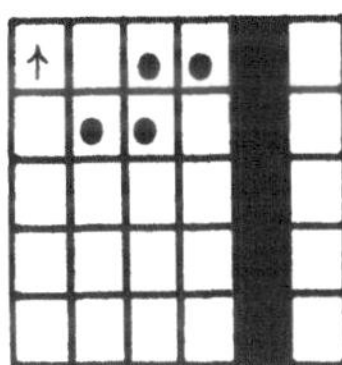

ÜBUNG 5.6: Auch die Prozedur

gehe_zur_Einerstelle_des_Ergebnisfeldes

ist nicht sehr aufwendig und sollte daher keine Schwierigkeiten bereiten. Es muß lediglich bedacht werden, auf welchem Feld Murmel steht wenn die Prozedur aufgerufen wird.

Etwas aufwendiger als die beiden letzten Übungen ist die Programmierung der Prozedur **behandele_den_Uebertrag.** Gehen wir aber wieder nach der TOP-DOWN-Methode vor, so läßt sich das notwendige Verfahren sofort in erster Annäherung wie folgt beschreiben:

```
PROCEDURE behandele_den_Uebertrag;
BEGIN
  IF uebertrag THEN
    BEGIN
      entferne_10_Koerner;
      gehe_zum_linken_Nachbarfeld;
      gib;
      kehre_zurueck;
    END;
END;
```

Die Prozeduren, die auszuführen sind, wenn ein Übertrag auftritt, sind sehr einfach anzugeben. Daher wird hier auf sie gar nicht weiter eingegangen. Es sei aber daran erinnert, daß alle Prozeduren dafür sorgen müssen, daß Murmel nach Abschluß wieder nach Norden schaut.

Wie stellt man überhaupt fest, ob ein Übertrag vorliegt ? Offenbar ist das dann der Fall, wenn auf dem gerade bearbeiteten Stellenfeld mindestens zehn Körner liegen. Es gibt verschiedene Möglichkeiten, festzustellen, ob ein Feld mindestens zehn Körner enthält. Eine der Möglichkeiten besteht darin, daß man irgendwo auf einem Vergleichsfeld **9** (warum 9 ?) Körner ablegt und dann abwechselnd Körner vom Vergleichsfeld und vom interessierenden Stellenfeld entfernt. Ist das Vergleichsfeld leer, so ist genau dann ein Übertrag zu berücksichtigen, wenn das Stellenfeld nicht leer ist. Dieses Verfahren mit Vergleichsfeld ist ziemlich aufwendig, hat aber andererseits den Vorteil, daß man danach **ein** Programm schreiben kann, das in allen Stellenwertsystemen rechnen kann. Das wird aber dem Leser in einer Übungsaufgabe überlassen.

Eine wesentlich einfachere Methode besteht darin, daß man einfach neunmal nacheinander versucht, ein Korn von dem zu untersuchenden Feld zu entfernen. Ist das betreffende Feld danach leer, so lagen vorher auf dem Feld weniger als zehn Körner. Verfolgt man diese Idee und berücksichtigt zugleich die oben getroffenen Festlegungen, so erhält man die Deklaration im folgenden Kasten. Die benutzte Prozedur **nimm_wenn_moeglich** und die Prozedur zum Ablegen aller aufgenommenen Körner ergeben sich auf natürliche Weise. Es wird an dieser Stelle klar, daß Murmel keine Körner in seinen Taschen haben darf, wenn die Übertragsprozedur gestartet wird.

```
FUNCTION uebertrag:BOOLEAN;
BEGIN
  nimm_wenn_moeglich; nimm_wenn_moeglich;
  nimm_wenn_moeglich; nimm_wenn_moeglich;
  nimm_wenn_moeglich; nimm_wenn_moeglich;
  nimm_wenn_moeglich; nimm_wenn_moeglich;
  nimm_wenn_moeglich;
  uebertrag := NOT leer;
  lege_alle_Koerner_wieder_ab;
END;
```

Es bleibt noch übrig, den Test **Alle_Felder_bearbeitet** zu programmieren. Dazu muß berücksichtigt werden, daß das Ergebnis der Addition zweier dreistelliger Zahlen höchstens eine vierstellige Zahl sein kann. Daher wurde auch links neben den Zahlenspeicherzellen noch eine Spalte für den Übertrag freigelassen. Wenn alle Felder auf die Notwendigkeit eines Übertrages hin überprüft wurden, so steht Murmel in der ersten Spalte seiner Welt. Dadurch bekommen wir die Möglichkeit, festzustellen, ob die Berechnungen abgeschlossen sind, weil nämlich dann links von Murmel eine Wand sein muß (Es sei daran erinnert, daß Murmel stets nach oben schaut, wenn eine Prozedur beendet ist!). Das kann aber leicht mit Hilfe des Testes **vornefrei** überprüft werden. Somit erhalten wir:

```
FUNCTION Alle_Felder_bearbeitet:BOOLEAN;
BEGIN
  links;
  Alle_Felder_bearbeitet := NOT vornefrei;
  rechts;
END;
```

ÜBUNG 5.7: Man gebe für die restlichen Prozeduren passende Deklarationen an. Man beachte, daß Murmel nach Abschluß einer jeden Prozedur und eines jeden Testes die Blickrichtung "Norden" haben muß. Bei der Programmierung der Prozedur zur Entfernung von zehn Körnern bedenke man, daß diese Körner irgendwo abgelegt werden sollten, da einige der Prozeduren bzw. Funktionen davon ausgehen, daß Murmel eine leere Tasche hat, wenn sie aufgerufen werden.

ÜBUNG 5.8: Man ändere das Programm so ab, daß Murmel auch mehr als zwei Zahlen addieren kann. Es ist dabei zu berücksichtigen, daß auch ein größerer Übertrag als Eins entstehen kann!

ÜBUNG 5.9: Es gibt auch die Subtraktion !

ÜBUNG 5.10: Multiplizieren kann durch fortgesetztes Addieren realisiert werden. Man beachte, daß zur Darstellung des Ergebnisses u.U. mehr Körner benötigt werden als zur Darstellung der beiden Ausgangszahlen. Es ist daher ein Hilfsfeld zu berücksichtigen, das zu Beginn sehr viele Körner enthält.

Zum Abschluß dieses Abschnittes werden noch die Dualzahlen betrachtet, denen schließlich im Zusamenhang mit Computern eine herausragende Bedeutung zukommt. Bekanntlich werden nämlich in Computern alle Daten durch passende Folgen aus Nullen und Einsen dargestellt.

Beim Dualsystem benutzt man nur zwei Ziffern und nicht zehn, wie beim Dezimalsystem. Das Dualsystem hat deswegen eine so große Bedeutung für die Computer, weil man Dualzahlen einfach durch elektrische Schaltungen darstellen kann. So kann das Anliegen oder Nichtanliegen einer Spannung oder das Vorhandensein bzw. Nichtvorhandensein einer Ladung jeweils als Wert 0 oder 1 interpretiert werden. Auf den Disketten entspricht der Ziffer 0 ein anderer Grad der Magnetisierung als der Ziffer 1.

Wie kann man nun mit Hilfe von nur zwei Ziffern jede beliebige Zahl darstellen. Dazu sei noch einmal auf die Grundschulversion von oben hingewiesen: Im Dezimalsystem spricht man von **Einern, Zehnern, Hundertern, etc.** und so bedeutet die Schreibweise 3451 nichts anderes als

(*) 3 Tausender + 4 Hunderter + 5 Zehner + 1 Einer

Man kommt hier mit zehn Ziffern aus, weil 10 Einer einen Zehner, 10 Zehner einen Hunderter, usw. ergeben. Das heißt, daß man nur angeben muß, wie viele Einer, Zehner, Hunderter etc. vorkommen.

In einer etwas mathematischeren Manier schreibt sich (*) wie folgt:

(**) $3451 = 3 \cdot 10^3 + 4 \cdot 10^2 + 5 \cdot 10^1 + 1 \cdot 10^0$

Diese Schreibweise wird nicht jedem geläufig sein. Daher sei angegeben, daß gilt:

$10^3 = 10 \cdot 10 \cdot 10 =$ 1 Tausender

$10^2 = 10 \cdot 10 =$ 1 Hunderter

$10^1 = 10 =$ 1 Zehner

$10^0 = 1 =$ 1 Einer

Diese Schreibweise werden wir noch dazu benutzen, Parallelen zum Dualsystem aufzuzeigen.

Beim Dualsystem gibt es dagegen **Einer, Zweier, Vierer, Achter, Sechzehner, etc.** Ansonsten geht man genauso vor, wie beim Dezimalsystem, denn

2 Einer ergeben einen Zweier
2 Zweier ergeben einen Vierer
2 Vierer ergeben einen Achter
2 Achter ergeben einen Sechzehner
usw.

Aus diesem Grunde kommt man im Dualsystem mit nur zwei Ziffern aus, denn man muß lediglich das Vorhandensein eines Einers, Zweiers, Vierers, etc. angeben.

Eine Dezimalzahl kann als eine Summe von Vielfachen von Zehnerpotenzen aufgefaßt werden. Es handelt sich dabei offenbar um eine verkürzende Schreibweise. Im Dualsystem geht man vollkommen analog vor.

So bedeutet die Ziffernfolge

1011011

als Dualzahl gedeutet die folgende Summe

1011011 $= 1 \cdot 2^6 + 0 \cdot 2^5 + 1 \cdot 2^4 + 1 \cdot 2^3 + 0 \cdot 2^2 + 1 \cdot 2^1 + 1 \cdot 2^0$

Dabei ist zu beachten, daß links vom Gleichheitszeichen die Dualdarstellung einer Zahl benutzt wird, während auf der rechten Seite die übliche Dezimalschreibweise genommen wurde. (Im folgenden wird die Dualschreibweise stets durch **Fettdruck** hervorgehoben).

Die folgende Tabelle soll Aufschluß über den Zusammenhang zwischen Dezimalsystem und Dualsystem geben:

Stellenwerte im Dezimal- und im Dualsystem	
1 Einer $= 1 \cdot 10^0$	1 Einer $= 1 \cdot 2^0$
1 Zehner $= 1 \cdot 10^1$	1 Zweier $= 1 \cdot 2^1$
1 Hunderter $= 1 \cdot 10^2$	1 Vierer $= 1 \cdot 2^2$
1 Tausender $= 1 \cdot 10^3$	1 Achter $= 1 \cdot 2^3$

Mit den Begriffen **Einer, Zweier, Vierer ...** ausgedrückt ergibt sich

1011011 = 1 Vierundsechziger + 0 Zweiunddreißiger +
1 Sechzehner + 1 Achter + 0 Vierer +
1 Zweier + 1 Einer

Rechnet man die Summe auf der rechten Seite in der gewohnten Weise aus, so ergibt sich

1011011 = 91

(Beachte: **Fettdruck** = Dualdarstellung)

Die Addition von Dualzahlen läuft im Prinzip genauso, wie die Addition von Dezimalzahlen, nur ist sie wesentlich einfacher, da bei der Additon zweier Stellen höchstens die Summe Zwei auftritt (Bei Berücksichtigung des Übertrages kommt man gegebenfalls auf Drei), während bei Dezimalzahlen immerhin die Summe 18 und bei Berücksichtigung des Übertrages sogar 19 auftreten kann.

Das Spiel mit den Körnern läuft genauso ab, wie bei den Dezimalzahlen. Es ist nur zu beachten, daß ein Übertrag vorzunehmen ist, wenn sich auf einem Stellenfeld mindestens zwei Körner befinden. Das bedeutet aber, daß im obigen Programm zur Addition von Dezimalzahlen nur ganz wenige Änderungen vorzunehmen sind, um ein Additionsprogramm für Dualzahlen zu erhalten. Daher ergibt sich die folgende

ÜBUNG 5.11: Man ändere das Programm zur Addition von Dezimalzahlen so ab, daß man damit Dualzahlen addieren kann. Wer sich noch nicht dazu in der Lage sieht, der sollte noch ein wenig weiterlesen, denn es wird noch eine solche Addition vorgeführt.

Die folgende Körnerverteilung

A	B	C	D	E	F	G	
	1	0	1	1	1	0	
		1	1	0	1	1	

wird durch Addition überführt in die Körnerverteilung

Für die folgende Diskussion wird nur noch die dritte Zeile dargestellt. Dort liegen in Spalte F zwei Körner. Das entspricht zwei Zweiern. Zwei Zweier ergeben aber einen Vierer. Daher entfernen wir vom Feld der Spalte F zwei Körner und legen dafür ein Korn in das Feld der Spalte E, da dort die Anzahl der Vierer notiert wird, die in unserem Ergebnis vorkommen. Damit erhalten wir die Körnerverteilung

Wir wiederholen den gleichen Schritt, diesmal für die Spalte E und D, dann für D und C, usw. Es ergeben sich dann schrittweise die Körnerverteilungen, die auf der folgenden Seite ohne weitere Kommentare angegeben sind.

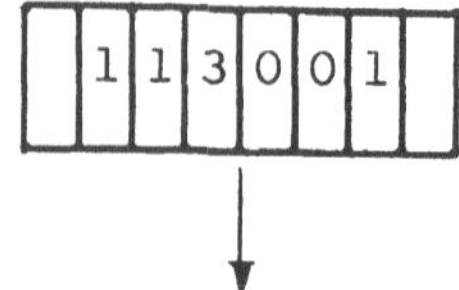

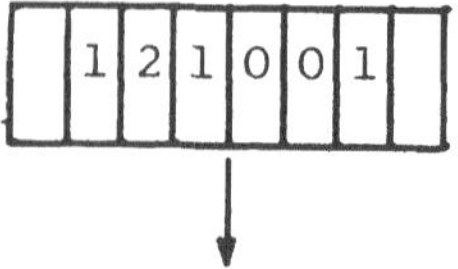

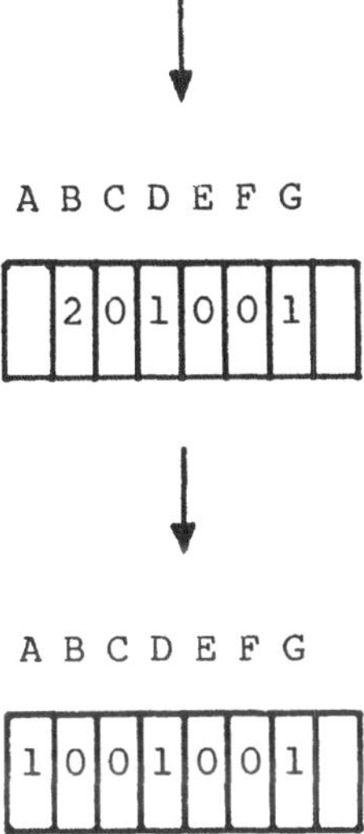

Diese letzte Körnerverteilung entspricht dem Endergebnis. Es gilt:

1001001 = 64 + 8 + 1 = 73

Andererseits gilt für die beiden Summanden

101110 = 32 + 8 + 4 + 2 = 46

11011 = 16 + 8 + 2 + 1 = 27

Nun gilt sicherlich 46 + 27 = 73, so daß es sich bei der erzielten Körnerverteilung um eine korrekte Darstellung des gesuchten Ergebnisses handelt.

Das dargestellte Verfahren kann direkt in ein Murmelprogramm umgesetzt werden, das man sehr leicht durch Änderung des Programmes zur Addition von Dezimalzahlen erhält.

In Computersystemen werden ständig Umwandlungen von einem Stellenwertsystem in ein anderes vorgenommen. Solche Umwandlungsprozesse sind deswegen wichtig, weil der Computer intern mit dem Dualsystem arbeitet, nach außen aber die Daten zumeist in der

Dezimalschreibweise angeben muß. An dieser Stelle schließen die folgenden Übungen an:

ÜBUNG 5.12: Schreibe ein Programm, das Murmel dazu befähigt, zu einer Zahl in Dualschreibweise die entsprechende Dezimaldarstellung zu finden. Ebenso sollte man sich auch ein Verfahren in umgekehrter Richtung überlegen. Hat man beide Verfahren zur Verfügung, so kann man die Addition in jedem beliebigen Stellenwertsystem durchführen und dann die Ergebnisse in gewünschter Form ausgeben. (Hinweis: Es könnte sinnvoll sein, sich zuerst ein Verfahren zu überlegen, das die Dualschreibweise in die Darstellung transformiert, die wir zu Beginn des Abschnittes im ersten Additionsprogramm benutzt haben.)

ÜBUNG 5.13: Man kann nicht nur Zahlensysteme mit der Basis 2 oder der Basis 10 betrachten. Es ist möglich, Zahlen bezüglich jeder Basis (ungleich 1) darzustellen. Für die Arbeit mit Computern spielt außer dem Dualsystem noch das Sedezimal- oder Hexadezimalsystem eine Rolle, das auf der Basis 16 beruht. Schreibe auch ein Additionsprogramm für das Hexadezimalsystem. (Da man im Hexadezimalsystem 16 Ziffern benötigt, werden die Buchstaben A bis F noch als zusätzliche Ziffern benutzt.)

ÜBUNG 5.14: Man schreibe ein Additionsprogramm, das für beliebige Stellenwertsysteme korrekt arbeitet. Man muß dann allerdings auf einem bestimmten Feld eine Information darüber hinterlassen, in welchem Stellenwertsystem zu rechnen ist. Für die Bestimmung des Übertrages ist das oben geschilderte Verfahren mit einem Vergleichsfeld zu benutzen.

In der kommerziellen Anwendung von Computern kommt es sehr häufig vor, daß Daten nach bestimmten Kriterien zu sortieren sind. So gibt es eine Reihe von sehr effektiven Sortierverfahren. Der folgende Abschnitt soll zeigen, daß Murmel auch hier mithalten kann.

5.2 Sortieren von Zahlen

Sortierverfahren spielen in der Praxis eine große Rolle. Auch Murmel kann dazu gebracht werden, Zahlen zu sortieren. Gemäß unserer Vorgehensweise müssen wir zunächst überlegen, wie die Zahlen in der Murmeltierwelt dargestellt werden sollen. Denkt man an den letzten Abschnitt, so könnte man auf die Idee kommen, die Zahlen in einem Stellenwertsystem darzustellen. Das erscheint aber zu aufwendig, insbesondere deswegen, weil wir uns zunächst auf die Sortierverfahren konzentrieren müssen. Aus diesem Grunde wird der Vorschlag unterbreitet, die Zahlen als Körnersäulen darzustellen, die dann der Größe nach sortiert werden müssen. Das bedeutet, daß Murmel zu Beginn seiner Arbeit etwa eine Welt vorfindet, die aussieht wie im folgenden Bild dargestellt.

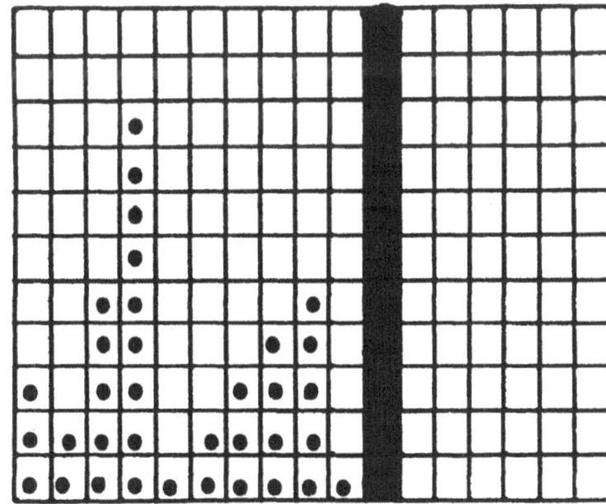

Bild 5.1

Die Gruppe der Körnersäulen wird auf der rechten Seite durch Barrieren abgeschlossen, damit Murmel stets die letzte Zahl auffinden kann bzw. feststellen kann, wie groß die Zahlenliste ist.

Damit ist der erste Schritt zur Entwicklung eines Programmes getan. Im nächsten Schritt muß überlegt werden, wie man eine Folge von Zahlen in absteigender (oder aufsteigender) Reihenfolge sortieren kann. Wir entscheiden uns hier für die absteigende, d.h., daß die größeren Zahlen vorne stehen; der Leser kann sich im Anschluß selbst darin versuchen, ein entsprechendes Programm für die aufsteigende Reihenfolge zu entwickeln.

Beim Sortieren von Zahlen ist es notwendig, zwei Zahlen bezüglich ihrer Größe zu vergleichen. Murmel kann immer nur zwei Zahlen direkt vergleichen, da er kein großes Gedächtnis hat.

Wir werden hier zunächst das einfachste der bekannten Sortierverfahren besprechen, das allerdings nicht sehr effektiv ist und zu den schlechtesten Sortierverfahren gehört. "Schlecht" heißt dabei, daß es eine sehr große Rechenzeit erfordert, wenn die Anzahl der zu sortierenden Zahlen groß ist. Andererseits trägt es einen ansprechenden Namen: Bubble-Sort (sprich: Babbel-Sort). Bubble ist das englische Wort für Blase. Wir werden weiter unten besprechen, warum das Verfahren diesen Namen trägt.

Beim Bubble-Sort werden stets zwei nebeneinander stehende Zahlen vertauscht, wenn sie die falsche Reihenfolge haben. Dabei geht man die Liste der Zahlen von vorne nach hinten durch. Findet man bei einem solchen Durchgang kein Zahlenpaar mehr, das in falscher Reihenfolge steht, so ist man fertig. Anderenfalls muß man wieder von vorne beginnen. Am besten ist es, wenn wir das Verfahren an einem Beispiel vorführen.

Gegeben sei die Liste:

3 6 2 10 11 5 2

Im ersten Schritt werden die beiden ersten Zahlen bezüglich ihrer Größe verglichen. Weil absteigend sortiert werden soll, müssen die beiden ersten Zahlen vertauscht werden und wir erhalten:

6 3 2 10 11 5 2

Es werden nun jeweils die zu vergleichenden Zahlen unterstrichen und dann wird in einer neuen Zeile angegeben, welche Änderungen sich ergeben haben. Aus der letzten Zeile erhalten wir

6 3 2 10 11 5 2 (da die Reihenfolge richtig war)

6 3 10 2 11 5 2

6 3 10 11 2 5 2

6 3 10 11 5 2 2

Im letzten Schritt ändert sich nichts mehr, weil die beiden Zahlen in der richtigen Reihenfolge stehen. Damit ist der erste Durchgang beendet. Der zweite Durchgang ergibt schrittweise

6 3 10 11 5 2 2

6 3 10 11 5 2 2

6 10 3 11 5 2 2

6 10 11 3 5 2 2

6 10 11 5 3 2 2

6 10 11 5 3 2 2

Nach dem bisherigen Ablauf des Verfahrens kann man schon erkennen, daß die jeweils kleinste Zahl in jedem Durchgang immer auf ihren richtigen Platz wandert. Während die großen Zahlen langsam aufsteigen wie eine Luftblase im Wasser. Daher stammt auch der Name "Bubble-Sort".

Die nächsten Durchgänge ergeben nacheinander (es wird jeweils nur der Endzustand eines jeweiligen Durchganges angegeben, denn der Leser kann nun sicherlich das Verfahren selbständig durchführen):

10 11 6 5 3 2 2

11 10 6 5 3 2 2

Damit ist das Verfahren nach vier Durchgängen beendet. Man kann zeigen, daß im Extremfall soviele Durchgänge notwendig sind, wie Zahlen zu sortieren sind.

Nachdem der Sortiervorgang an einem Beispiel durchgeführt wurde, können wir nun daran gehen, ihn zunächst in Worte zu fassen, um diese Beschreibung daran anschließend in ein Pascal-Programm zu übersetzen.

> Solange die Zahlen nicht in richtiger Reihenfolge stehen, ist folgendes zu machen:
>
> Gehe die Liste der Zahlen von links nach rechts durch. Vergleiche die augenblicklich untersuchte Zahl mit ihrem rechten Nachbarn und vertausche die beiden, wenn sie in falscher Reihenfolge stehen.

Wir wagen jetzt einen ersten Versuch, um diese Beschreibung in ein Pascal-Programm zu übersetzen. Dabei wird nur eine grobe Beschreibung gegeben, die allerdings den Vorteil hat, daß unser Problem in kleinere Teilprobleme zerlegt wird, die dann schrittweise **verfeinert** werden können (man nennt das Ausarbeiten einer Prozedur auch Verfeinern, die entwickelte Prozedur wird dann als **Verfeinerung** bezeichnet. Dieser Sprachgebrauch wird im folgenden häufiger benutzt werden!).

Es ergibt sich

```
PROGRAM Bubblesort;
USES turtlegraphics, murmeltierwelt;
     (* Deklarationen *)
BEGIN
  initialisiere_die_Murmeltierwelt;
  gehe_zur_Zahlenliste;
  WHILE Zahlen_nicht_sortiert DO
    BEGIN
      gehe_zur_ersten_Zahl;
      gehe_die_Zahlenliste_durch;
      gehe_zum_Anfang_der_Liste;
    END;
END.
```

Am Ende der **WHILE..DO**-Schleife muß sich Murmel wieder an den Listenanfang bewegen, da der Test **Zahlen_nicht_sortiert** davon ausgehen muß, daß das Murmeltier am Anfang der Zahlenliste steht. Dabei soll Murmel in der untersten Reihe der Welt stehen, also im Feld unten links mit Blickrichtung Norden.

Weiterhin wird festgelegt (siehe voriger Abschnitt), daß Murmel nach Abschluß einer jeden Prozedur die Blickrichtung "Norden" hat. Die Tests werden ohnehin so deklariert, daß sie ohne Seiteneffekte sind.

Wie kann Murmel nun feststellen, ob alle Zahlen sortiert sind? Wegen der Festlegung auf eine absteigende Sortierung kann man wie folgt verfahren: Murmel begibt sich zur ersten Körnersäule und bewegt sich zu ihrer Spitze. Nun wandert er nach rechts zur nächsten Säule. Deren Spitze muß tiefer liegen oder darf höchstens so hoch sein, wie die der zuletzt besuchten Säule. Auf diese Weise wandert er von Körnersäule zu Körnersäule. Kommt es dabei nie vor, daß die Spitze einer Säule höher liegt, als die der vorhergehenden, so sind alle Zahlen sortiert. Der Test kann auch in umgekehrter Folge laufen, wenn Murmel bei der letzten Zahl der Liste mit seiner Untersuchung beginnt. Insgesamt handelt es sich aber dennoch um eine recht komplizierte Angelegenheit. Der Test kann aus zwei Gründen abgebrochen werden: Entweder findet Murmel eine Säule, die größer ist als die zuletzt besuchte oder Murmel steht auf der letzten Zahl. Wenn wir festlegen, daß Murmel an markanten Stellen des Testes immer nach rechts schaut (aber nur innerhalb der FUNCTION), dann können wir einfach mit **vornefrei** feststellen, ob wir auf der letzten Zahl stehen, denn in diesem Moment wird Murmel vor der Wand stehen.

Bei der **FUNCTION** des folgenden Kastens muß berücksichtigt werden, daß **vor ELSE niemals ein Semikolon** stehen darf, denn das Semikolon dient dazu, zwei Anweisungen voneinander zu trennen. Die **IF-THEN-ELSE**-Struktur bildet aber eine Einheit und darf nicht durch ein Semikolon getrennt werden. Ebenso findet sich im THEN-Part eine zusammengesetzte Anweisung, was durch die "Klammern" BEGIN ... END ausgedrückt wird. Nach dieser Anmerkung zur Grammatik von Pascal können wir uns wieder dem eigentlichen Problem widmen.

Als erster Versuch kann die folgende Pascal-Formulierung des Testes **Zahlen_nicht_sortiert** dienen:

```
FUNCTION Zahlen_nicht_sortiert:BOOLEAN;
BEGIN
  gehe_zur_Spitze_der_Saeule;
  rechts;
  zahlen_nicht_sortiert := FALSE;
    (* Es wird zunächst probeweise angenommen,*)
    (* die Liste sei sortiert                 *)
  WHILE vornefrei DO
    (* Die Liste ist vollständig untersucht,  *)
    (* wenn Murmel vor der Wand steht         *)
    IF NOT naechste_Zahl_ist_kleiner THEN
      BEGIN
        zahlen_nicht_sortiert := TRUE;
        gehe_zur_Wand;
        (* Test kann abgebrochen werden!      *)
        (* Bedenke: Abbruch des Testes, wenn  *)
        (* Murmel vor der Wand steht!         *)
      END;
    ELSE gehe_zur_naechsten_Zahl;
  gehe_an_den_Anfang_der_Liste;
END.
```

Vor der **WHILE...DO**-Schleife wird zuerst angenommen, die Liste sei sortiert. Daher bekommt die Funktion hier schon probeweise einen Wert zugewiesen. Im Verlaufe des Testes könnte sich aber herausstellen, daß die Liste doch nicht sortiert ist. Dann können wir innerhalb der Schleife den Wert neu festlegen und die Ausführung des Testes abbrechen. Das Abbruchkriterium ist dann erfüllt, wenn Murmel vor der Wand steht, denn dann gibt es keine Zahlen mehr, die noch untersucht werden müßten. Stellt Murmel bei der Untersuchung fest, daß zwei Zahlen in falscher Reihenfolge stehen, wandert er zur Wand, nachdem der Funktion der passende Wert zugewiesen wurde.

Die Prozedur **gehe_an_den_Anfang_der_Liste** muß dafür sorgen, daß Murmel wieder in der ersten Spalte steht. Er sollte dann gemäß unserer Festlegung, die Blickrichtung "Norden" haben.

Innerhalb des eben angegebenen Testes wird noch auf einen weiteren Test zurückgegriffen, den man wie folgt programmieren könnte:

```
FUNCTION naechste_zahl_ist_kleiner:BOOLEAN;
BEGIN
  vor;links;vor;
  naechste_Zahl_ist_kleiner := leer;
  links;vor;links;vor;links;
END;
```

Dieser Test überprüft nicht, ob die nächste Zahl echt kleiner ist, sondern er liefert auch dann den Wert TRUE, wenn die nächste Zahl gleichgroß ist. Das Prinzip besteht darin, daß Murmel in die nächste Spalte wandert, um dort noch ein Feld nach oben zu gehen. Ist das angetroffene Feld leer, so ist die nächste Zahl kleiner oder gleich der untersuchten Zahl. Liegt dort ein Korn, so muß die nächste Zahl größer sein. Es ist dabei zu bedenken, daß Murmel vor Aufruf dieses Testes auf dem obersten Kornfeld der ersten Zahl steht. Siehe auch folgendes Bild:

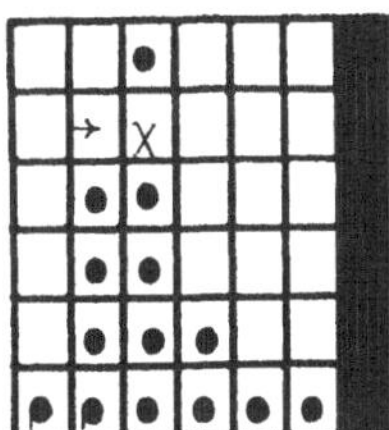

Bild 5.2

Das mit "x" bezeichnete Feld ist für den Größenentscheid ausschlaggebend, vorausgesetzt, Murmel steht an der Spitze der linken Körnersäule.

Es soll jetzt lediglich noch angegeben werden, wie man zwei Säulen vertauschen kann. Die Vervollständigung des Programmes kann der Leser dann selbst durchführen.

Man sollte bedenken, daß Murmel zu Beginn mit einer leeren Tasche startet. Daher kann er die Körner einer Säule vollständig einsammeln und dann alle auf einem Hilfsfeld deponieren. Anschließend wird die zweite Säule abgebaut und sämtliche Körner können dann in der richtigen Spalte wieder verteilt werden. Danach holt man die Körner wieder vom Hilfsfeld ab und baut die entsprechende Säule an der richtigen Position wieder auf. Nach dieser Beschreibung kann man sehr leicht eine entsprechende Prozedur angeben. Dabei zeigt es sich, daß noch eine Vielzahl von Teilprozeduren anzugeben ist. Wir erhalten in der ersten Verfeinerungsstufe:

```
PROCEDURE vertausche_aktuelle_und_naechste_Zahl;
BEGIN
    (* Ausgangssituation: Bild 5.3*)
    Gehe_sammelnd_zur_unteren_Wand;
    lege_alle_Koerner_ab;
    Gehe_zur_naechsten_Spalte;
    (* Ergebnis: Bild 5.4 *)
    Sammle_Koerner_der_Saeule_ein;
    Gehe_zur_vorigen_Spalte;
    (* Ergebnis: Bild 5.5 *)
    Gehe_zur_Wand;
    kehrt;vor;
    (* Ergebnis: Bild 5.6 *)
    (*legt Körner in der zweiten Zeile ab *)
    lege_alle_Koerner_ab;
    kehrt;vor;
    (* Ergebnis: Bild 5.7 *)
    nimm_alle_Koerner;
    Gehe_zur_naechsten_Spalte;
    verteile_alle_Koerner;
    (* Ergebnis: Bild 5.8 *)
    Suche_das_Hilfsfeld;
    nimm_alle_Koerner;
    verteile_alle_Koerner;
END;
```

Mit den folgenden Bildern werden die Zwischenstationen des Vertauschungsprozesses dargestellt. Sie sind im letzten Kasten den entsprechenden Teilbefehlen zugeordnet.

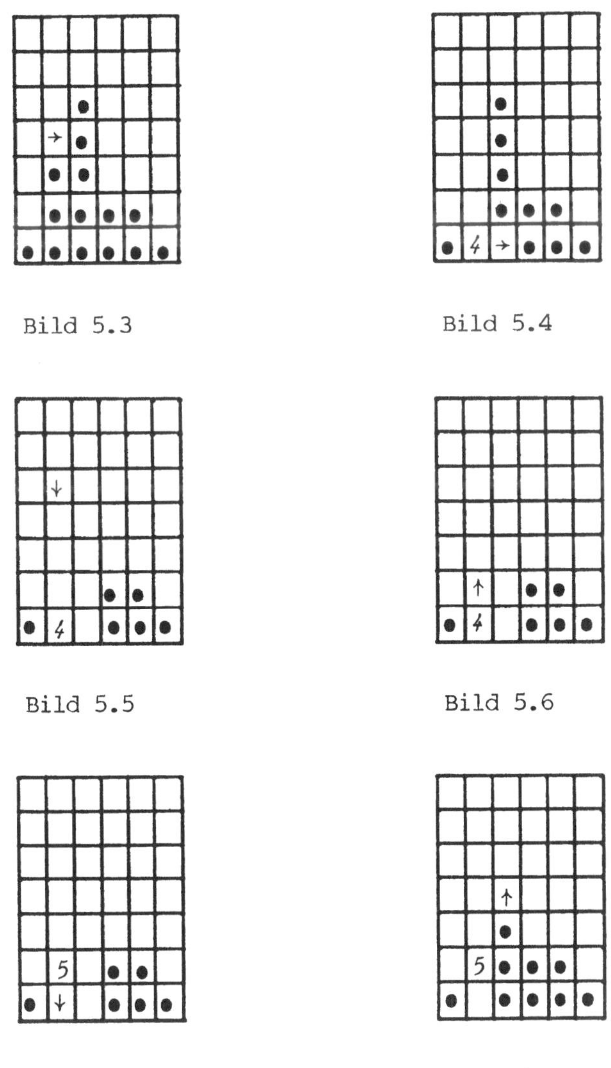

Bild 5.3

Bild 5.4

Bild 5.5

Bild 5.6

Bild 5.7

Bild 5.8

ÜBUNG 5.15: Vervollständige das Programm zur Sortierung von Körnersäulen so, daß es zu einem lauffähigen Programm wird.

Das soeben geschilderte Verfahren gehört zu den schlechtesten Sortierverfahren überhaupt. Die langen Rechenzeiten gehen also nicht nur auf die Arbeitsgeschwindigkeit des Murmeltieres.

Es soll jetzt noch ein Verfahren angegeben werden, das sehr schnell ist. Allerdings wirft es die Körner durcheinander, d.h. es werden zwar Säulen der gleichen Höhe wieder aufgebaut, aber bei unserem Bubblesort wurde jede Säule aus denjenigen Körnern gebildet, die ursprünglich auch zur gleichen Säule gehörten. Das Verfahren gehört zum schnellsten Sortierverfahren überhaupt, allerdings nur aufgrund der Tatsache, daß die Größe der Zahlen nach oben beschränkt ist. Es gibt für die Praxis ein Verfahren, das unserem entspricht und das praktisch darin besteht, zu zählen, wie oft eine Zahl in der Liste der Zahlen vorkommt.

Das Verfahren arbeitet wie folgt: Alle Körner einer Zeile werden eingesammelt und jeweils auf dem ersten Feld der Zeile abgelegt. (Die sich ergebende Situation ist in Bild 5.9 dargestellt.) Anschließend werden die Körner nach rechts hin verteilt. (Siehe dazu die Bilder 5.10 und 5.11) Wieso wird damit sortiert ? Nun, befinden wir uns nach dem Einsammeln der Körner auf einem Feld der ersten Spalte und liegen dort etwa fünf Körner, so bedeutet das, daß es fünf Zahlen gibt, die größer oder gleich der Zeilennummer sind (von unten nach oben gezählt). Diese fünf Zahlen müssen natürlich am Anfang der Liste stehen, so daß wir die Körner nach rechts austeilen können.

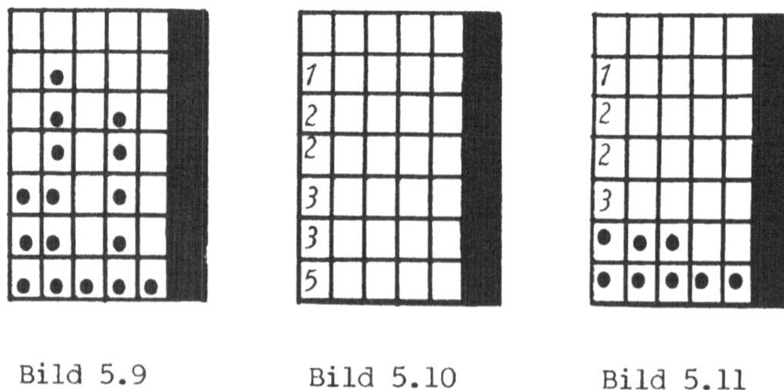

Bild 5.9 Bild 5.10 Bild 5.11

Ein entsprechendes Hauptprogramm zu diesem Verfahren sieht wie folgt aus:

```
PROGRAM sortierung;
USES turtlegraphics, murmeltierwelt;

     (* Deklarationen *)

BEGIN
  initialisiere_die_Murmeltierwelt;

  Gehe_zum_Startfeld;
  WHILE zeile_nicht_leer DO
   BEGIN
     sammle_alle_Koerner_ein;
     lege_alle_Koerne_in_der_ersten_Spalte_ab;
     gehe_zur_naechsten_Zeile;
   END;
  Gehe_zum_Startfeld;
  WHILE NOT leer DO
    BEGIN
      nimm_alle_Koerner;
      verteile_alle_Koerner;
      gehe_zur_naechsten_Zeile;
    END;
END.
```

ÜBUNG 5.16: Vervollständige das eben angegebene Programm.

5.3 Minotaurus - oder Murmel in Labyrinthen

Eine sehr interessante Fragestellung ist es, Murmel aus einem Labyrinth herausfinden zu lassen, denn dieses Problem wird nach Erfahrungen des Verfassers sehr bald zum Thema gemacht, wenn jemand mit der Murmeltierwelt in Berührung gebracht wurde. Leider müssen die Interessenten immer auf einen späteren Zeitpunkt verwiesen werden, denn man muß schon einige Programmiererfahrung mitbringen, wenn man sich an ein solches Problem wagen möchte. Da wir jetzt über diese Erfahrungen verfügen, können wir uns auch diesem spannenden Thema widmen.

Es gibt verschiedene Arten von Labyrinthen: Labyrinthe die über **Inseln** verfügen und solche, bei denen alle Wände zusammenhängen. Dabei soll unter einer Insel ein Mauerstück verstanden werden, das isoliert steht und mit den anderen Wänden, die das Labyrinth bilden, nicht verbunden ist. Im folgenden Bild ist ein Labyrinth dargestellt, das eine Insel besitzt; diese ist durch eine Schraffur von den anderen Barrieren hervorgehoben worden.

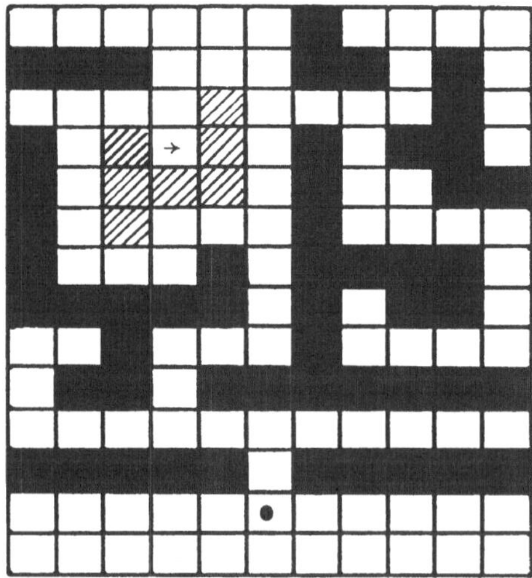

Wir befassen uns zunächst nur mit Labyrinthen, die keine Inseln besitzen, denn dabei gibt es eine einfache Strategie, um den Ausgang zu finden. Es ist hier aber nicht an den "Ariadne"-Faden gedacht, der schon in der griechischen Mythologie eine Rolle spielte, sondern an das folgende einfache Verfahren:

> Gehe geradeaus, bis Du an eine Wand stößt. Dann lege eine Hand an die Wand und gehe immer an der Wand entlang. Auf diese Weise wird der Ausgang automatisch gefunden.

Wir haben dieses Verfahren eigentlich schon einmal im Zusammenhang mit dem joggenden Murmeltier programmiert. Damals war die Sache allerdings etwas einfacher, denn die Wände des Stadions hatten keine Vorsprünge, sondern sie waren einfach rechteckig angeordnet. Nun müssen wir mit einem etwas aufwendigeren Verfahren arbeiten.

Da das Murmeltier eigentlich immer nur sein augenblickliches Arbeitsfeld "sehen" und außerdem noch feststellen kann, ob die vier Nachbarfelder frei sind, ist es notwendig, den Ausgang aus dem Labyrinth in irgendeiner Weise zu kennzeichnen. Dieses machen wir mit einem Korn, das direkt vor die Eingangstür zum Labyrinth gelegt wird.

Nach diesen Vorbemerkungen ist es einfach, das folgende Hauptprogramm zu notieren:

```
PROGRAM labyrinth;
USES turtlegraphics,murmeltierwelt;

        (* Deklarationen *)

BEGIN
   initialisiere_die_Murmeltierwelt;

   Gehe_zur_Wand;
   links;
   WHILE leer DO
     Gehe_an_der_Wand_entlang;

END.
```

Die Prozedur **gehe_zur_Wand** kann allerdings nicht in der gewohnten Form programmiert werden, da bedacht werden muß, daß Murmel schon zu Beginn direkt vor der Tür stehen könnte. Dann verließe er das Labyrinth ohne es zu merken. Bei jedem Schritt muß also überprüft werden, ob das Arbeitsfeld leer ist. Wir erhalten damit:

```
PROCEDURE gehe_zur_Wand;
BEGIN
    WHILE vornefrei AND leer DO vor;
END;
```

Beim Jogging-Problem mußte jeweils links abgebogen werden, wenn es geradeaus nicht weiterging. War die Bedingung **rechtsfrei** erfüllt, so stand Murmel direkt neben der Tür. In einem solchen Fall muß Murmel aber beim Labyrinthprogramm rechts abbiegen. Anderenfalls kann genauso verfahren werden, wie im Stadion. Es sei darauf hingewiesen, daß innerhalb der **WHILE..DO-** Schleife des Hauptprogrammes stets nur ein Schritt ausgeführt werden darf, denn nach jedem Schritt muß überprüft werden, ob das Korn, d.h. der Ausgang, gefunden wurde. Man erhält sofort

```
PROCEDURE gehe_an_der_Wand_entlang;
BEGIN
    IF rechtsfrei THEN
      gehe_um_die_Ecke
    ELSE
      gehe_weiter;
END;
```

Nachdem die wesentlichen Ideen und Prozeduren angegeben sind kann der Leser jetzt sicherlich ein vollständiges Programm angeben:

ÜBUNG 5.17: Vervollständige das Programm **Labyrinth** so, daß es zu einem lauffähigen Programm wird.

Murmel findet beim angegebenen Programm allerdings nicht unbedingt den kürzesten Weg. Dazu wäre es erforderlich, das Labyrinth zu analysieren, um so von allen möglichen Wegen den kürzesten zu finden. Zu diesem Zweck benötigte Murmel ein größeres Gedächtnis oder er muß sich mit Körnern helfen, die er beim Suchen des Weges auslegt. Es tut sich hier noch ein weites Betätigungsfeld für den Leser auf. Es sei aber darauf hingewiesen, daß es sich um ein sehr aufwendiges Problem handelt. Vielleicht sollte der Leser darauf zurückkommen, wenn er weitere Elemente der Programmiersprache erlernt hat, die allerdings in diesem Buch nicht Thema sein sollen.

Mit der bislang behandelten Strategie ist es leider nicht möglich aus einem Labyrinth herauszufinden, das Inseln enthält. Träfe Murmel nämlich gleich zu Beginn auf eine Insel, so wanderte er stets an ihrem "Strand" entlang, ohne es zu bemerken. Man kann selbstverständlich mit Hilfe von Marken (mindestens zwei Körner auf einem Feld, da ein Feld mit nur einem Korn den Ausgang markieren soll) feststellen, ob eine Insel vorliegt. Dann könnte Murmel diese Insel verlassen, indem er versuchte, zu einer Wand zu gelangen, die nicht zur Insel gehört. Das ist aber sicherlich nicht einfach zu realisieren, denn wie sollte Murmel in dem Fall verfahren, der im folgenden Bild dargestellt ist. (siehe nächste Seite)

Es ist sicherlich eine interessante Aufgabe, diese Strategie weiter zu verfolgen. Jedoch sei darauf hingewiesen, daß der folgende Problemfall auftreten könnte: Murmel verläßt eine Insel und gelangt zu einer zweiten. Nachdem er dieses bemerkt hat, verläßt er sie wieder, gelangt aber wieder zur ersten Insel. Dieses deutet bereits darauf hin, daß es sich bei dieser Art der Problemlösung um eine recht komplizierte Angelegenheit handelt.

Wir verfolgen hier lieber eine andere Strategie, die in zwei unterschiedlichen Programmen niedergelegt wird.

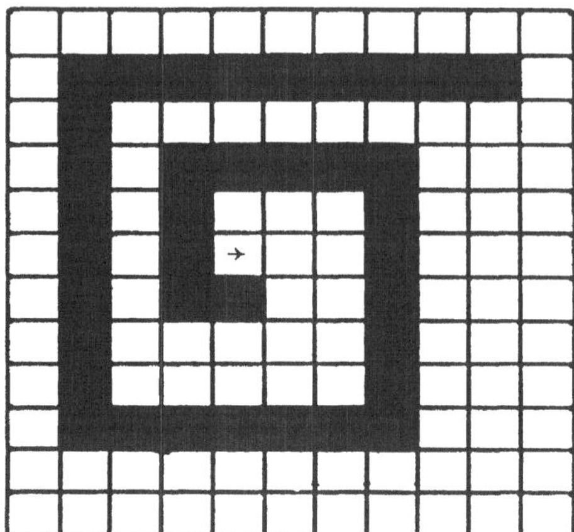

Zunächst soll die Strategie aber dargestellt werden. Dazu stellen wir uns vor, wir selbst ständen vor dem Problem, aus einem Labyrinth herauszufinden, das gegebenenfalls auch Inseln enthalten kann. Wir greifen uns eine Handvoll Körner - hoffentlich haben wir einige dabei! - und schon geht es los:

> Wir gehen geradeaus, bis wir an eine Wand kommen. Diese ursprüngliche Blickrichtung sei "Norden". Im folgenden versuchen wir immer wieder, auf diese ursprüngliche Blickrichtung zurückzukommen. Dazu verfahren wir wie folgt: Immer wenn wir auf eine Wand stoßen, biegen wir links ab. Dabei nehmen wir ein Korn aus der rechten Tasche und stecken es in die linke Tasche. Dann gehen wir solange an der Wand entlang, bis wir rechts abbiegen können oder links abbiegen müssen. Müssen wir links abbiegen, um weiterzukommen, **so verfahren wir wie eben beschrieben.** Können wir dagegen rechts abbiegen, so nehmen wir ein Korn aus der linken Tasche heraus und deponieren es wieder in der rechten Tasche. Ist jetzt die linke Tasche leer, so haben wir wieder die ursprüngliche Blickrichtung gewonnen und können stur nach Norden wandern, bis wir

wieder auf eine Wand stoßen. Dort beginnt das Spiel von neuem. Ist die linke Tasche jedoch nicht leer, so wandern wir weiter an der Wand entlang, bis wir auf eine Stelle stoßen, an der wir rechts abbiegen können oder links abbiegen müssen. Danach verfahren wir so, wie bereits beschrieben.

Die zugrundeliegende Idee dieser Strategie besteht darin, daß wir irgendwann einmal an die Hauptmauer des Labyrinths stoßen müssen, wenn wir, wie in der Strategie beschrieben, immer versuchen, möglichst weit nach Norden zu gelangen. Mußten wir abbiegen, so müssen insgesamt sämtliche Linkswendungen durch entsprechende Rechtswendungen rückgängig gemacht werden. Erst dann können wir weiter stur nach Norden wandern. Es kann zwar während des Wanderns vorkommen, daß wir die Blickrichtung Norden haben mit gleichzeitig gefüllter linker Tasche. Dann ist es aber auch möglich, daß wir uns in einer Spirale befinden. Ein stures Wandern nach Norden und anschließendes Verfahren nach der beschriebenen Strategie führte uns nie aus der Spirale heraus. Man sollte dieses Problem an einem Beispiel durchspielen. Im folgenden Bild ist der Weg eingezeichnet, der einer zu frühen Nordwanderung entspricht.

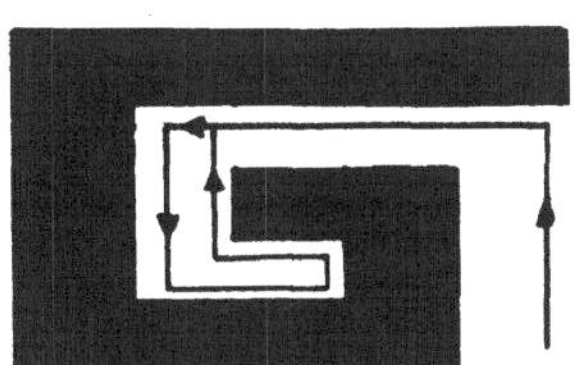

Wir müssen uns nun überlegen, wie wir Murmel eine zweite Tasche beschaffen können. Eine besitzt er ja, und diese entspricht der rechten Tasche aus der obigen Beschreibung. Die linke Tasche könnte das augenblickliche Arbeitsfeld sein. Dabei müssen wir aber beachten, daß wir die linke Tasche erst dann auf das neue Arbeitsfeld übertragen dürfen, wenn wir festgestellt haben, daß der Ausgang noch nicht gefunden wurde, d.h., wenn das nächste Arbeitsfeld leer ist. Nach diesen vorbereitenden Bemerkungen können wir uns daran machen, ein entsprechendes Programm zu entwickeln.

```
PROGRAM labyrinth_mit_Inseln;
USES turtlegraphics, murmeltierwelt;

      (* Deklarationen *)

BEGIN
  initialisiere_die_Murmeltierwelt;
  Gehe_zur_Wand;
  WHILE leer DO
   BEGIN
     gehe_an_der_Wand_entlang_bis_es_nach_Nord_geht;
     Gehe_zur_Wand;
   END;
END.
```

Dieses Programm unterscheidet sich auf den ersten Blick nicht sehr stark von dem bislang angegebenen Programm. Allerdings hat es die Prozedur **gehe_an_der_Wand_entlang_bis_es_nach_Nord_geht** in sich. Sie soll das bewirken, was in der obigen Beschreibung über das Hin- und Herschieben von Körnern zwischen linker und rechter Tasche gesagt wurde. Kann wieder rechts abgebogen werden, so können wir wieder Richtung Norden wandern, bis wir wieder vor einer Wand stehen. Es sei daran erinnert, daß dieses sture Nordwärtswandern, bei dem weder nach links noch nach rechts geschaut wird, nur dann durchgeführt werden darf, wenn die linke Tasche leer ist, weil ansonsten eine Kreiswanderung entstehen könnte, wie sie weiter oben angedeutet wurde. Eventuell wäre der Name **gehe_an_der_Wand_entlang_bis_linke_Tasche_leer** in diesem Sinne sogar etwas besser gewählt. Außerdem muß jeder Schritt, der auf ein neues Feld führt, daraufhin überprüft werden, ob es vielleicht der letzte Schritt ist. Aber das ist schon aus der ersten Programmversion, die ohne Inseln arbeitete, bekannt.

Die Prozedur **gehe_zur_Wand** kann von oben übernommen werden. Wir aber konzentrieren uns auf die Entwicklung der Prozedur, die das Arbeiten mit linker und rechter Tasche organisiert.

Zunächst muß Murmel links abbiegen und ein Korn in die linke Tasche legen, d.h. auf dem Arbeitsfeld muß ein Korn abgelegt werden. Es ist sicher, daß das erste Feld, das innerhalb der Prozedur "Körnermanagement" (so nennen wir die Prozedur der Kürze halber) betreten wird, nicht das Zielfeld sein kann, denn dann wäre die Prozedur gar nicht aufgerufen worden. Solange nun die Tasche nicht leer ist, müssen wir an der Wand entlangehen. Dabei müssen wir ein weiteres Korn in die linke Tasche legen, wenn wir links abbiegen müssen. Wir entfernen ein Korn aus der linken Tasche, wenn wir rechts abbiegen können. Ist die linke Tasche leer, so haben wir wieder die ursprüngliche Blickrichtung. Es ist wichtig, bei jedem Schritt die linke Tasche vom letzten Feld auf das nächste zu transportieren, allerdings nur dann, wenn das nächste Feld zuvor leer war. Wird auf dem neuen Arbeitsfeld ein Korn gefunden, so handelt es sich dabei um das gesuchte Feld. In diesem Falle muß die Prozedur zum "Körnermanagement" gleichsam "gewaltsam" abgebrochen werden, indem wir die linke Tasche vollständig entleeren. Denn dann wird die zuletzt erwähnte Prozedur abgebrochen und die Prozedur **gehe_zur_Wand** aufgerufen, die aber in diesem Fall nichts ausrichtet, da das besetzte Feld nicht leer ist. Aus diesem Grunde wird schließlich auch die WHILE..DO-Schleife des Hauptprogrammes beendet. Das Programm hat dann seine Aufgabe erfüllt.

Nach diesen Ausführungen kann die Prozedur aufgeschrieben werden.

```
PROCEDURE gehe_an_der_Wand_entlang_bis_es_nach_Nord_geht;
BEGIN
  links;
  Korn_in_die_linke_Tasche;
  WHILE linke_Tasche_nicht_leer DO
    IF naechstes_Feld_leer THEN
      gehe_zum_naechsten_Feld
    ELSE
      entleere_linke_Tasche;
        (* Abbruch der Schleife, da das naechste Feld *)
        (* das gesuchte Zielfeld ist                  *)
   IF rechtsfrei THEN
     BEGIN rechts;vor; END
   ELSE IF vornefrei THEN vor;
END;
```

Soweit das Verfahren bislang entwickelt ist, scheint es nicht schwierig zu sein, es in die Programmiersprache Pascal zu übersetzen, denn das TOP-DOWN-Verfahren erleichtert die Sache ungemein. Es zeigt sich hier deutlich, daß wir die eigentliche Schwierigkeit weiter vor uns herschieben, indem wir die neue Prozedur **gehe_zum_naechsten_Feld** einführen, die das eigentliche Management mit den Körnern übernehmen soll. Das ist typisch für eine solche Programmierweise, bei der die eigentlichen Probleme im Laufe der schrittweisen Verfeinerung immer wieder auf andere Teilprobleme abgeschoben werden, die sich schließlich in triviale Programmierprobleme auflösen.

Innerhalb der Prozedur **gehe_zum_naechsten_Feld** muß nun eine Fallunterscheidung getroffen werden, je nachdem, ob man rechts abbiegen kann, vorwärts gehen muß oder links abbiegen muß. Beim wandern zum nächsten Feld muß die linke Tasche vom letzten Feld mitgenommen werden. Es ergibt sich die folgende Prozedur:

```
PROCEDURE gehe_zum_naechsten_Feld;
BEGIN
  IF rechtsfrei THEN
    BEGIN
      Korn_aus_linker_Tasche_entfernen;
      rechts;
      bringe_linke_Tasche_zum_naechsten_Feld;
    END
  ELSE
    BEGIN
      IF vornefrei THEN
        bringe_linke_Tasche_zum_naechsten_Feld
      ELSE
        BEGIN
          links;
          Korn_in_die_linke_Tasche
        END
    END
END;
```

Innerhalb dieser Prozedur wurden eine Reihe weiterer Prozeduren verwendet, die aber teilweise sehr einfach sind. So besteht etwa die Prozedur **Korn_in_die_linke_Tasche** nur aus einem einfachen **gib**-Befehl. Der Verfasser hat den längeren Text aber aufgrund der besseren Lesbarkeit gewählt bzw. beibehalten.

Die Prozedur **bringe_linke_Tasche_zum_naechsten_Feld** geht davon aus, daß sich Murmel direkt vor dem nächsten Feld befindet, es also durch Ausführung des Befehls **vor** erreichen kann. Nun darf Murmel aber nicht alle Körner auf einmal vom letzten Arbeitsfeld entfernen, denn dann geht die Information über deren Anzahl verloren, da Murmel außerdem noch Reservekörner in seiner eigenen Tasche besitzt. Aus diesem Grunde müssen die Körner einzeln vom letzten zum neuen Arbeitsfeld gebracht werden. Wir erhalten die Prozedur

```
PROCEDURE bringe_linke_Tasche_zum_naechsten_Feld;
BEGIN
  WHILE NOT leer Do
    BEGIN
      nimm;
      vor; gib;
      kehrt;vor;kehrt; (* rückwärts *)
    END;
  vor;
END;
```

Die linke Tasche darf nur dann zum nächsten Feld gebracht werden, wenn dieses auch leer ist. Anderenfalls haben wir das Ziel bereits erreicht und müssen die Prozedur zum "Körnermanagement" abbrechen. Dabei müssen wir zuerst herausfinden, welches das nächste Feld ist. Anschließend können wir überprüfen, ob dieses Feld leer ist. Im einzelnen ergibt sich:

```
FUNCTION naechstes_Feld_leer:BOOLEAN;
BEGIN
  IF rechtsfrei THEN
    naechstes_Feld_leer:=  rechtsleer
  ELSE IF vornefrei THEN
    naechstes_Feld_leer:= vorneleer
  ELSE naechstes_Feld_leer:= TRUE;
        (* denn das naechste Feld stimmt mit *)
        (* dem augenblicklichen überein      *)
END;
```

Es ist nun nicht mehr schwer, ein vollständiges Programm anzugeben.

Insgesamt hat sich auf Grundlage der einfachen Idee doch ein recht komplexes Programm ergeben. Wiederum ist es nicht dazu in der Lage, den kürzesten Weg zu finden, jedoch war das auch gar nicht unser Ziel.

Es bleibt allerdings noch eine Frage offen: Kann man die ganze Sache nicht einfacher programmieren? Die Beschreibung des Verfahrens in natürlicher Sprache war doch gar nicht so aufwendig wie das Programm, das nachher dabei herausgekommen ist. Um diese Frage zu beantworten, sollte der Leser sich noch einmal die Beschreibung des Verfahrens vornehmen. Vielleicht ist schon beim ersten Lesen aufgefallen, daß ein Teilsatz durch Fettdruck hervorgehoben wurde. Dabei handelte es sich um den Nebensatz "**so verfahren wir wie eben beschrieben**". Der menschliche Leser weiß sofort, wie er dieses zu interpretieren hat. Man sollte bemerken, daß hier eine Selbstbezüglichkeit vorliegt: **Das Verfahren wird beschrieben, indem man auf die Beschreibung selbst zurückgreift.**

Auch die Programmiersprache Pascal erlaubt solche Selbstbezüglichkeiten. Schließlich ist es doch möglich, daß Prozeduren andere Prozeduren aufrufen. Warum also sollen sich Prozeduren nicht auch selbst aufrufen dürfen. Wir werden gleich sehen, daß es sich dabei um ein sehr mächtiges Sprachmittel handelt, denn das Programm zum Labyrinth wird auf einen Bruchteil seines ursprünglichen Volumens zusammenschrumpfen.

Andererseits ist es nicht ganz einfach zu verstehen, was dabei im Computer vorgeht. Aus diesem Grunde werden wir das Konzept einer sich selbst aufrufenden Prozedur zuvor an einem Beispiel diskutieren, das ein wenig einfacher ist. Es handelt sich dabei um die Prozedur **Gehe_zur_Wand**, die bereits vielfach benutzt wurde. Sie war damals der Anlaß für die Einführung der **WHILE..DO**-Schleife, die Murmel erst so richtig leistungsfähig macht. Wir hätten damals auch einen anderen Weg beschreiten können und auf selbstbezügliche Prozeduren - oder wie der Fachausdruck lautet: auf **rekursive** Prozeduren - ausweichen können. Um auch sprachlich - gemeint ist hier die natürliche Sprache - zurechtzukommen, d.h. uns der natürlichen Sprache anzunähern, nennen wir die Prozedur um in **gehe_soweit_wie_moeglich_vorwaerts.** In natürlicher Sprache ausgedrückt ergibt sich:

> **Gehe_soweit_wie_moeglich_vorwaerts:**
>
> Wenn vorne frei ist, dann gehe ein Feld weiter und **mache weiter nach diesem Verfahren.** Sonst höre auf.

```
PROCEDURE Gehe_soweit_wie_moeglich_vorwaerts;
BEGIN
  IF vornefrei THEN
    BEGIN
      vor;
      Gehe_soweit_wie_moeglich_vorwaerts;
    END;
END;
```

Der Leser sollte diese Prozedur einmal ausprobieren. Es wird empfohlen, es dabei nicht bei einer einfachen IF...THEN-Alternative zu belassen, sondern die folgende Version zu benutzen, denn dabei dreht sich Murmel am Ende vor der Wand einmal mehr um sich selbst, als er Vorwärtsschritte ausgeführt hat: Aus Freude darüber, daß er am Ziel angekommen ist ? Wohl kaum, denn das hängt damit zusammen, wie rekursive Prozeduren im Rechner verwaltet werden. Dieses soll kurz beschrieben werden, da damit auch verständlich werden wird, weshalb wir das aufwendige Labyrinthprogramm durch ein kürzeres ersetzen können.

```
PROCEDURE Gehe_soweit_wie_moeglich_vorwaerts;
BEGIN
  IF vornefrei THEN
    BEGIN
      vor;
      Gehe_soweit_wie_moeglich_vorwaerts;
    END;
    kehrt;kehrt;
END;
```

Prozeduren können an verschiedenen Stellen eines Programmes aufgerufen werden. Daher muß sich der Rechner merken, an welcher Stelle er weitermachen muß, wenn die aufgerufene Prozedur beendet sein wird. Dafür wird ein Teil des zur Verfügung stehenden Speichers im Rechner verbraucht. Der Rechner arbeitet dabei so ähnlich wie wir beim Labyrinthproblem: Anschaulich gesprochen legt er sich einen Zettel mit einer Bemerkung über die Stelle, an der weiterzuarbeiten ist, auf die linke Seite. Wird innerhalb der Prozedur eine weitere Prozedur aufgerufen, so kommt auf den Zettelstapel ein weiterer Zettel mit einer entsprechenden Bemerkung. Wird nun eine Prozedur beendet, so nimmt der Rechner den obersten Zettel vom Stapel, geht an diejenige Stelle des Programmes, die auf dem Zettel vermerkt ist und macht dort weiter.

Der Leser sollte sich einmal in die Rolle des Rechners versetzen und diese Zettelwirtschaft am eben angegebenen Beispiel nachvollziehen. Dabei wird er bemerken, daß es vollkommen analog der Arbeit mit den Körnern im Labyrinthproblem ist. Aus diesem Grunde liegt es auch nahe, diese Zettel- bzw. Körnerwirtschaft dem Rechner zu überlassen, um zu einem kürzeren Labyrinthprogramm zu gelangen. Der Verfasser gibt dieses Programm im folgenden einfach an, ohne noch weitere Kommentare dazu abzuliefern. Es wird aber empfohlen, das Programm mit Hilfe von Zetteln durchzuspielen, um anschaulich mitzuerleben, wie Rekursion arbeitet.

Die offensichtlichen Prozeduren sind im folgenden Programm fortgelassen worden:

```
PROGRAM labyrinth_mit_Inseln_rekursiv;
USES turtlegraphics,murmeltierwelt;

     (* Deklarationen *)

PROCEDURE gehe_an_der_Wand_entlang;
BEGIN
  links;
  WHILE leer AND NOT rechtsfrei DO
   IF vornefrei THEN vor
   ELSE
     gehe_an_der_Wand_entlang;
  IF rechtsfrei AND leer THEN
    BEGIN
      rechts;
      vor;
    END;
END;

BEGIN
  initialisiere_die_Murmeltierwelt;
  Gehe_zur_Wand;
  WHILE leer DO
   BEGIN
    gehe_an_der_Wand_entlang;
    Gehe_zur_Wand;
   END;
END.
```

Dieses Programm ist gegenüber der ersten Version von bestechender Kürze. Rekursion ist demnach ein sehr mächtiges Sprachmittel. Andererseits erkauft man sich die Möglichkeiten mit einem erhöhten Speicheraufwand und einer erhöhten Rechenzeit, denn die angesprochene Zettelwirtschaft erfordert sowohl Speicherplatz als auch Rechenzeit. Andererseits lassen sich viele Probleme durch Rekursion wesentlich einfacher formulieren, wie wir das ja auch an einem Beispiel gesehen haben. Man kann durch die Verwendung von Rekursion sogar auf die WHILE-DO-Schleife verzichten. Die entstehenden Programme würden allerdings oft sehr schwer verständlich.

Man kann andererseits jedes rekursiv formulierte Problem ohne Rekursion lösen, was aber in vielen Fällen nicht sehr einfach ist, da wir die "Zettelwirtschaft" selbst programmieren müssen. Das Labyrinthproblem gibt davon einen ersten Eindruck.

Zum Abschluß dieses Abschnittes soll noch - kommentarlos - angegeben werden, wie man durch Rekursion die WHILE...Do-Schleife überflüssig machen kann. Dem Verfasser ist nicht bekannt, ob dieses Ergebnis bereits an einer anderen Stelle in dieser expliziten Form dargestellt ist. Indirekt findet man das Ergebnis aber in jedem Werk über Rekursionstheorie, bei der es u.a. darum geht, welche Probleme überhaupt durch Rechner gelöst werden können.

```
WHILE B DO A;


wird ersetzt durch den Aufruf

PROC_A

wobei gilt:

PROCEDURE PROC_A;
BEGIN
  IF B THEN
    BEGIN
      A;
      PROC_A;
    END
END;
```

Dieses Kapitel begann eigentlich ganz einfach, endete aber mit einem der schwierigsten Probleme, das Pascal zu bieten hat. Der Verfasser hofft, daß er es - trotz der gebotenen Kürze - einigermaßen erklären konnte.

6 Murmel als Turing-Maschine

Im Jahre 1936 hat der englische Mathematiker Alan M. Turing eine Präzisierung des Algorithmusbegriffes vorgelegt, die heute allgemein anerkannt ist, da sich bislang alle anderen Versuche, den Begriff des Algorithmus präzise zu fassen, als äquivalent zum Vorschlag Turings erwiesen haben. Intuitiv versteht man unter einem Algorithmus "...eine Arbeitsvorschrift, deren Beschreibung von endlicher Länge ist und die prinzipiell von jedem nachvollzogen werden kann." (Claus, S. 11) Eine andere verbale Umschreibung des Begriffs "Algorithmus" liefert Hermes: "Ein Algorithmus ist ein generelles Verfahren, mit dem man die Antwort auf jede einschlägige Frage durch eine simple Rechnung nach einer vorgeschriebenen Methode erhält. ... Wenn **hier** von einem **allgemeinen Verfahren** die Rede ist, so soll darunter stets ein Prozeß verstanden werden, dessen Ausführung bis in die letzten Einzelheiten hinein eindeutig vorgeschrieben ist. Dazu gehört insbesondere, daß die Vorschrift in einem **endlichen** Text niedergelegt werden kann" (Hermes,S. 1f, Hervorhebungen im Original).

Diese verbalen Umschreibungen sind aber für exakte Untersuchungen nicht präzise genug. (Sie werden selbstverständlich in der angegebenen Literatur noch genauer gefaßt.) Im Gegensatz dazu schlägt Turing einen Mechanismus vor, der als TURING-MASCHINE bekannt ist (im folgenden auch einfach mit TM bezeichnet).

Das Eigentümliche an Algorithmen ist ja, daß sie rein mechanisch abgearbeitet werden können. Daher ist es naheliegend eine Maschine zu konstruieren, die Algorithmen ausführen kann. Heutzutage sind solche Maschinen in Form von Computern allgemein verbreitet. Allerdings ist der Beriff "Algorithmus" weiter gefaßt als der Begriff "Computerprogramm", denn Algorithmen sind **allgemeine Verfahren**, während jeder Computer aufgrund des nur endlich großen Speichers Beschränkungen unterworfen ist. So kann kein Computer zwei beliebige Zahlen addieren, denn man muß die Zahlen nur so groß wählen, daß sie nicht im Speicher oder auf den peripheren Speichermedien untergebracht werden können.

Turings Maschine greift auf die Idee zurück, die Tätigkeit des Mathematikers abzubilden, der mit Papier, Bleistift und Radiergummi bewaffnet, seine mathematischen Verfahren (Algorithmen) durchführt. Dazu besitzt die TM ein Band, das man sich einfach als langen Papierstreifen vorstellen kann, der in einzelne Zellen eingeteilt ist. Jede dieser einzelnen Zellen kann jeweils ein Symbol aus einem endlichen Zeichenvorrat aufnehmen. Zwei Beispiele für endliche Zeichenvorräte sind etwa das gewöhnliche Alphabet oder die Menge, die lediglich die beiden Symbole **0** und **1** enthält. Dieses Band wird oft als Turingband bezeichnet.

Es kann stets davon ausgegangen werden, daß das Band lang genug ist, um die anstehenden Berechnungen auszuführen. Im Rahmen von theoretischen Untersuchungen geht man meistens davon aus, daß das Band ein- oder zweiseitig unendlich groß ist. Das bedeutet, daß die TM einen unendlich großen Speicher hat. Dieses wird in den theoretischen Untersuchungen benötigt, wenn man etwa für eine bestimmte TM zeigen will, daß sie je zwei beliebige natürliche Zahlen addieren kann, denn um jede beliebige Zahl darstellen zu können, benötigt man, wie bereits erwähnt, einen unendlich großen Speicher. Man kann sich hier natürlich auch dadurch aus der Affäre ziehen, daß man sagt, der Speicher bzw. die Länge des Turingbandes sei hinreichend groß gewählt.

Neben dem Band besitzt die TM auch noch einen Lese-/Schreibkopf, der wie der Tonkopf eines Kassettenrecorders auf eine bestimmten Zelle des Bandes positioniert werden kann, damit die TM das dort stehende Symbol lesen kann bzw. ein neues Symbol eintragen kann. Nach jeder Lese-/Schreibaktion wird der Lese-/Schreibkopf um ein Feld weiter nach links oder rechts bewegt.

Schließlich besitzt die TM noch eine Steuereinheit, die endlich viele verschiedene Zustände annehmen kann. Zustandsänderungen hängen dabei von dem jeweils gelesenen Symbol ab. Ebenso hängt das neu zu schreibende Symbol und die Richtung der anschließenden Kopfbewegung vom gerade eingenommenen Zustand ab.In Bild 6.1 wurde versucht, eine TM durch eine Zeichnung zu beschreiben.

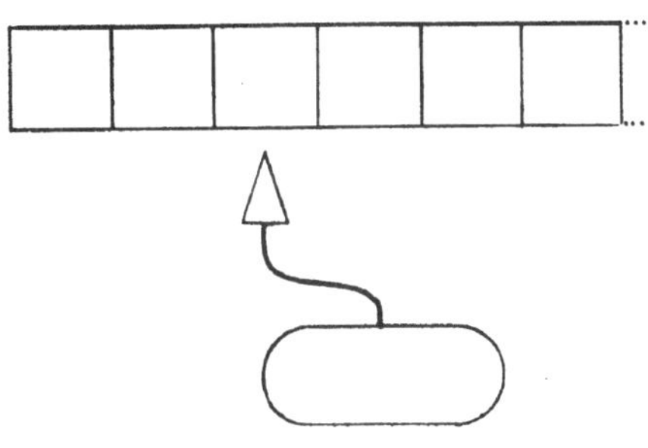

(Bild 6.1)

Bei jedem Arbeitsschritt werden also die folgenden Operationen vorgenommen:

1) Das Symbol auf dem augenblicklichen Arbeitsfeld wird gelesen.

2) Abhängig vom gelesenen Symbol und vom aktuellen Zustand der Steuereinheit wird ein neues Symbol auf das Band geschrieben. Dabei darf es sich natürlich auch um das gerade gelesene Symbol handeln. In diesem letzten Fall ändert sich der Inhalt des Arbeitsfeldes natürlich nicht.

3) Abhängig vom gelesenen Symbol und vom aktuellen Zustand der Steuereinheit wird der Lese-/Schreibkopf um ein Feld weiter nach links oder nach rechts bewegt. Sollte dabei das Band verlassen werden, so bricht die TM ihre Arbeit ab.

Es soll nun anhand eines ersten Beispieles die Arbeit der TM demonstriert werden. Da unser Murmeltier gut dazu geeignet ist, wie eine TM zu arbeiten, werden wir ein Murmelprogramm angeben, das wie eine TM arbeitet. Wir gehen daher von einem Zeichenvorrat aus, der lediglich aus den beiden Symbolen **0** und **1** besteht. Dieses entspricht in der Murmeltierwelt einem leeren Feld bzw. einem Feld, das genau ein Korn enthält. (Es ist wichtig, sich klar zu machen, daß ein gar nicht beschriebenes Feld nicht vorkommen kann, da wir dann mit dem Leerzeichen ein drittes Symbol berücksichtigen müßten.)

PROBLEM: Es soll eine TM angegeben werden, die zwei beliebige natürliche Zahlen addieren kann.

Um dieses Problem zu lösen, müssen wir uns zunächst überlegen, wie die beiden Zahlen auf dem Turingband dargestellt werden können. Erinnern wir uns an ein früher besprochenes Beispiel, bei dem das Murmeltier so programmiert wurde, daß es zwei Zahlen addieren konnte, die in seiner Welt als Dualzahlen dargestellt waren, so bietet sich die Darstellung als Dualzahl an. Dabei würden wir uns aber zwei zusätzliche Schwierigkeiten einhandeln: Zum ersten wird wahrscheinlich das Programm relativ kompliziert, zum anderen müssen wir ein drittes Bandsymbol zur Verfügung haben, um auf dem Band die beiden Zahldarstellungen voneinander zu trennen, da die TM ansonsten nicht feststellen könnte, an welcher Stelle die Darstellung der ersten Dualzahl endet und die Darstellung der zweiten beginnt. Wir wählen daher eine wesentlich primitivere Art der Zahldarstellung aus: die Zahlen werden einfach als Strichfolgen notiert, die durch das Symbol 0 voneinander getrennt werden. Sollen etwa die Zahlen 5 und 3 addiert werden, so sieht das Band wie in Bild 6.2 dargestellt aus.

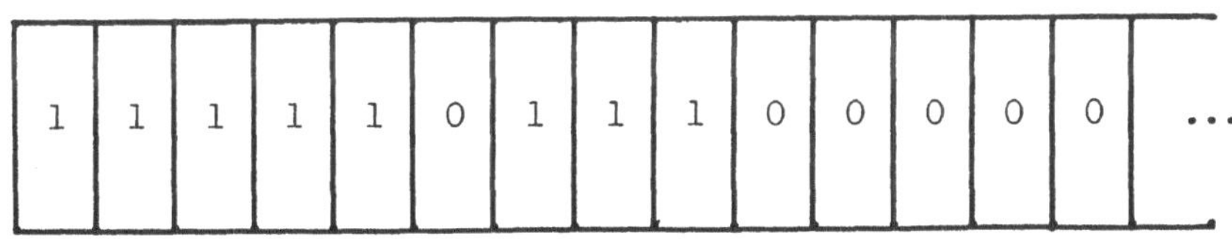

(Bild 6.2)

Gehen wir davon aus, daß der Lese-/Schreibkopf zu Beginn auf dem ersten Feld am linken Rand des Turingbandes steht - das werden wir im folgenden stets so machen - , so ergibt sich das folgende einfache Programm, mit dem wir Murmel zu einer Turingmaschine machen.

```
PROGRAM addiere_wie_eine_Turingmaschine;
USES turtlegraphics, murmeltierwelt;
BEGIN
  initialisiere_die_Murmeltierwelt;
  fahre_bis_zur_ersten_0_und_ersetze_sie_durch_1;
  loesche_die_am_weitesten_rechts_stehende_1;
END.
```

TABELLE 6.1

Dabei benutzen wir die erste Zeile der Murmeltierwelt als Turingband (das zugegebenermaßen recht kurz ist. Wir werden später aber noch darüber sprechen, wie ein längeres Band zu realisieren ist.)

Es ergeben sich die folgenden Verfeinerungen, die in entsprechender Reihenfolge in den Programmtext einzufügen sind. Hier sind sie wie gewohnt in der Reihenfolge aufgelistet, in der sie entstanden sind.

```
PROCEDURE fahre_bis_zur_ersten_0_und_ersetze_sie_durch_1;
BEGIN
  WHILE Eins_unter_LSKopf DO
    BEGIN
      Eins_Schreiben;  (* TMn schreiben immer *)
      Nach_rechts_gehen;
    END;
  Eins_Schreiben;
  Nach_rechts_gehen;
END;
```

ÜBUNG 6.1: Die Prozedur **loesche_die_am_weitesten_-rechts_stehende_1** ist anzugeben.

Das Programm aus Tabelle 6.1 kann durch Angabe der noch ausstehenden Deklarationen so erweitert werden, daß es von Murmel ausgeführt werden kann. Wie bereits erwähnt, ist es naheliegend, die erste Zeile der Murmeltierwelt als Turingband zu benutzen und das Zeichen **0** durch ein leeres Feld, das Zeichen **1** durch ein Korn darzustellen. Der Test **Eins_unter_LSKopf** kann dann wie folgt programmiert werden:

```
FUNCTION Eins_unter_LSKopf:BOOLEAN;
BEGIN
  Eins_unter_LSKopf := NOT leer
END;
```

Für den Befehl **Nach_rechts_gehen** muß festgelegt werden, welche Blickrichtung Murmel haben soll, wenn dieser Befehl aufgerufen wird. Es wäre vorschnell zu sagen, daß Murmel stets nach rechts schauen soll, denn wir dürfen nicht vergessen, daß der Befehl **Nach_links_gehen** auch noch benötigt wird. Daher legen wir fest, daß das TM-Murmeltier vor und nach der Ausführung einer Kopfbewegung nach oben schauen soll. Damit erhalten wir eine saubere Verbindung zu den nachfolgenden Prozeduren, d.h. bzgl. der Blickrichtung ist unsere Prozedur dann frei von Seiteneffekten; andererseits leidet die Verarbeitungsgeschwindigkeit darunter, aber darauf soll es hier nicht ankommen, denn Verbesserungen können immer noch eingebaut werden.

Wir erhalten also:

```
PROCEDURE Nach_rechts_gehen;
  (* Murmel schaut vor der Ausführung nach oben *)
BEGIN
  ...
END; (* Murmel schaut wieder nach oben *)
```

Das Ersetzen der Punkte wird dem Leser überlassen, was zur Lösung der folgenden Übung auch notwendig ist.

ÜBUNG 6.2: Vervollständige das Programm aus Tabelle 6.1 so, daß es zu einem lauffähigen Programm wird. Man lasse es für verschiedene Zahlen laufen.

Bis zu dieser Stelle haben wir das Murmeltier allerdings noch nicht zu einer Turing-Maschine gemacht, denn wir haben lediglich ein Murmelprogramm geschrieben, das sich nach außen hin wie eine TM benimmt. Den gleichen Effekt hätten wir auch (einfacher) mit dem folgenden Programm erzielt:

```
PROGRAM Addition_nach_TM_Manier;
USES turtlegraphics, murmeltierwelt;
BEGIN
  initialisiere_die_Murmeltierwelt;
  rechts;
  WHILE NOT leer DO vor;
  gib;  (* wir müssen beim Start darauf achten,daß *)
        (* Murmel genügend Körner zur Verfügung hat *)
  WHILE NOT leer DO vor;
  kehrt; vor; nimm; rechts;
END.
```

In diesem Programm, dessen Wirkung nach außen hin die gleiche ist, wie die des ersten Programmes, gibt es keinerlei Verbindungen mehr zur Vorstellung einer TM. Das Ziel dieses Kapitels besteht aber darin, ein einziges Murmelprogramm anzugeben, das alle TMn simulieren kann. Wir werden dadurch nebenbei nachweisen, daß das Murmeltier zu einem universellen Rechner gemacht werden kann, der jedes nur denkbare, algorithmisch lösbare Problem behandeln kann.

Dazu müssen wir dann allerdings diesem TM-Simulator auf irgendeine Weise mitteilen, welche TM er simulieren soll. Auf Grundlage der üblichen Darstellungen von Turingprogrammen wird dazu eine einfache Programmiersprache für unseren noch zu entwickelnden TM-Simulator angegeben. Ein Turing-Programm wird dann in der Murmeltierwelt durch Körner auf bestimmten Feldern dargestellt. Der TM-Simulator analysiert das Programm und führt die entsprechenden Schritte auf dem Band aus, das selbstverständlich wieder als Teil der Murmeltierwelt erscheint.

Um dieses Ziel zu erreichen, müssen wir uns zunächst mit der Methode vertraut machen, wie man üblicherweise TM-Programme darstellt. Diese Methode werden wir auf die Murmeltierwelt übertragen und Murmel dann so programmieren, daß er danach arbeiten kann.

Die Steuereinheit einer TM besitzt endlich viele verschiedene Zustände, die man mit den Zahlen 1,2,3,... durchnumeriert. Für jeden Zustand der TM muß angegeben werden, was zu machen ist, wenn ein bestimmtes Symbol gelesen wurde. Am besten gibt man daher ein Turingprogramm in Form einer Tabelle an:

Zustand	gelesenes Symbol	neues Symbol	Richtung des LS-Kopfes	neuer Zustand
1	1	1	rechts	1
1	0	1	rechts	2
2	1	1	rechts	2
2	0	0	links	3
3	1	0	links	4
3	0	0	links	4

Man erkennt: Zu jedem Symbol des zugrundeliegenden Zeichensatzes gibt es pro Zustand eine Programmzeile, denn für jedes Paar aus Zustand und Symbol muß festgelegt werden, was die TM machen soll.

In der Tabelle wurde als Beispiel ein Turingprogramm für die Addition angegeben, das wir bereits von oben her kennen. Man spiele dieses Programm einfach einmal durch. Dabei ist eine Zeile wie folgt zu lesen:

> Befindet sich die TM im Zustand 1 und wird das Symbol 1 gelesen, so wird auf das Arbeitsfeld wieder eine 1 geschrieben, der LS-Kopf wird nach rechts bewegt und die TM bleibt im Zustand 1.

Es gibt in der obigen Tabelle keine Programmzeile, die zum Zustand 4 gehört, der aber nach der letzten Programmzeile angenommen werden soll. Daher bricht die TM ihre Arbeit im Zustand 4 ab. Es gibt somit zwei Möglichkeiten, die Arbeit der TM zu beenden: Die TM wird in einen Zustand versetzt, zu dem es keine passende Zeile in der Tabelle gibt, oder die TM wird angewiesen, das Turingband am linken Rand zu verlassen.

Es ist naheliegend, diese Art der Darstellung auf unseren TM-Simulator zu übertragen. Die einzelnen Programmzeilen werden dann in bestimmten Teilen der Murmeltierwelt untergebracht. Dazu wird die Murmeltierwelt wie folgt in einzelne Gebiete unterteilt:

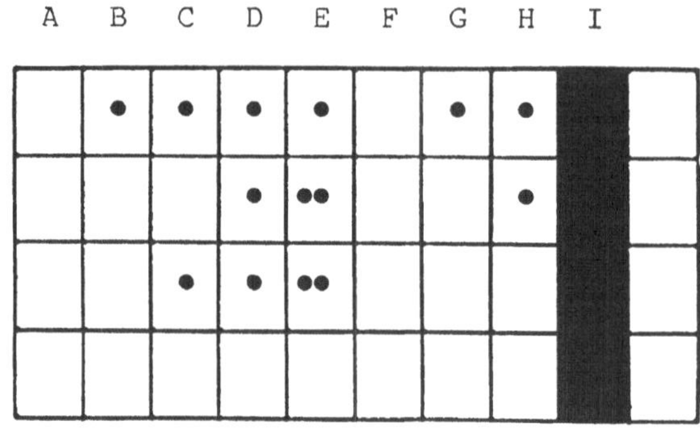

(Bild 6.3)

In Bild 6.3 ist der linke obere Teil der Murmeltierwelt dargestellt. Die einzelnen Spalten sind mit den Buchstaben A, B, C, usw. bezeichnet, um im folgenden leichter über die Bedeutung der einzelnen Spalten sprechen zu können.

Die Spalte A dient dazu, eine Markierung aufzunehmen, die die in Arbeit befindliche Programmzeile bestimmt. Die Nummer des betreffenden Zustandes ist durch die Zeilennummer gegeben. Dabei ist zu beachten, daß zu jedem Zustand zwei Zeilen gehören. So findet sich die erste Programmzeile des Zustandes 3 in der sechsten Zeile der Murmeltierwelt. In der Spalte B wird notiert, zu welchem gelesenen Symbol die Programmzeile gehört. (Man bedenke, daß es zu jedem Zustand genauso viele Programmzeilen gibt, wie Symbole im Zeichenvorrat vorhanden sind.) Die Spalte C nimmt die Information darüber auf, welches neue Symbol auf das Arbeitsfeld zu schreiben ist. Schließlich dient die Spalte D dazu, die Richtungsinformation für die Bewegung des LS-Kopfes aufzunehmen. (Dabei soll ein Korn auf diesem Feld einer Kopfbewegung nach rechts entsprechen, während ein leeres Feld angibt, daß der LS-Kopf nach links zu bewegen ist. Man hätte diese Festlegung selbstverständlich auch anders treffen können, doch müssen wir uns für die hier dargestellten Überlegungen festlegen.) Die Spalte E nimmt die Information über den Folgezustand auf, wobei wir wie oben davon ausgehen, daß die einzelnen Zustände der TM durchnumeriert werden. Dem Zustand mit der Nummer 10 entsprechen dann selbstverständlich 10 Körner auf dem Zustandsfeld. Die Spalte F wird später noch für Hilfszwecke benötigt. Dann kann das Turingband folgen, das wir von oben nach unten laufen lassen, und zwar in der Spalte H, während die Spalte G zur Markierung des Arbeitsfeldes in der entsprechenden Zeile ein Korn aufnimmt.

Die Spalte I können wir mit Barrieren vollstellen, damit nicht zu große Wege auftreten. Die Murmeltierwelt mit einem Teil des Programmes und des Turingbandes ist in Bild 6.2 dargestellt.

Wir müssen uns nun überlegen, wie unser Murmeltier ein in dieser Weise vorgegebenes Programm interpretieren muß, um die entsprechenden Befehle auf dem Turingband durchzuführen. Wir befinden uns dabei in einer ähnlichen Situation, in der sich der Entwickler eines Computers befindet, auf dem eine bestimmte Programmiersprache laufen kann. Der Leser wird bestimmt schon einmal etwas vom BASIC-Interpreter eines Rechners gehört haben. Dabei handelt es sich um ein Programm, das in der Maschinensprache des jeweiligen Rechners geschrieben ist, und das dazu dient, Programmtexte, die in der Programmiersprache BASIC verfaßt sind, zu lesen, zu interpretieren und die entsprechenden Operationen im Datenspeicher des Rechners durchzuführen. Wir müssen dagegen einen Interpreter für die Sprache der Turingmaschine schreiben, wobei wir die "Maschinensprache" des Murmeltieres benutzen.

Im ersten Entwicklungsschritt wird das Hauptprogramm notiert, wodurch unser Problem in der gewohnten Weise in kleinere Teilprobleme zerfällt. Daher erinnern wir uns noch einmal daran, welche Arbeitsschritte eine Turingmaschine in welcher Reihenfolge durchführt.

Zuerst muß Murmel das Symbol auf dem Arbeitsfeld des Turingbandes lesen, um die richtige Programmzeile festzulegen, denn zu jedem Zustand gibt es ja pro Bandsymbol eine entsprechende Programmzeile. Nun kann der nächste Schritt durchgeführt werden, der darin besteht, daß das neue Symbol auf das Arbeitsfeld geschrieben wird. Danach kann die Bewegung des Lese-/Schreibkopfes erfolgen und schließlich muß noch der neue Zustand (oft auch Folgezustand genannt) festgelegt werden.

Legt man dieses zugrunde, so ist es nicht mehr schwer, das folgende Hauptprogramm niederzuschreiben, wobei selbstverständlich auch andere Formulierungen zulässig sind.

```
PROGRAM Turing_Simulator;
USES turtlegraphics, Murmeltierwelt;

     (* Deklarationen der Prozeduren und Funktionen *)

BEGIN
  initialisiere_die_Murmeltierwelt;

  WHILE NOT ende DO
    BEGIN
      lese_Symbol_und_lege_passende_Zustandszeile_fest;
      schreibe_neues_Symbol;
      bewege_LSKopf;
      lege_neue_Zustandszeile_fest;
    END;
END.
```

Die erste Prozedur innerhalb der WHILE..DO-Schleife muß feststellen, welches Symbol sich auf dem Arbeitsfeld befindet, um herauszufinden, ob die erste oder die zweite Programmzeile des betreffenden Zustandes bearbeitet werden muß.

Bevor wir uns um die weitere Ausführung der einzelnen Teilprobleme kümmern, müssen wir noch einige Festlegungen treffen. Ein besonderes Problem stellt dabei der Test **ende** dar, mit dessen Hilfe die Arbeit unseres TM-Simulators auf **saubere** Weise abgebrochen werden kann. Dabei heißt "sauber", daß Murmel die Arbeit ohne Fehlermeldung abbrechen soll. Wir könnten andererseits auf das zurückgreifen, was wir oben über die Beendigung der Arbeit einer TM gesagt haben: Turingmaschinen brechen die Arbeit ab, wenn sie das Band aufgrund eines entsprechenden Befehls verlassen müssten oder wenn sie in einen Zustand gelangen, zu dem es keine Programmzeilen mehr gibt. Wir könnten dieses direkt übernehmen, da Murmel seine Arbeit auch abbricht, wenn er dazu angewiesen wird, seine Welt zu verlassen. Im allgemeinen sollte man aber eine saubere Art des Programmabbruchs bevorzugen. Deshalb soll vor der Ausführung eines jeden Simulationsschrittes festgestellt werden, ob wir das Ende der Simulation bereits erreicht haben. Das können wir einfach dadurch erreichen, daß wir Murmel auf einem bestimmten Feld nachschauen lassen, ob dort Körner liegen. Dieses "Ende"-Feld darf für keine anderen Zwecke herangezogen werden oder es muß sich um ein Feld handeln, auf dem unter normalen Umständen höchstens ein Korn liegen darf. Wir wählen das Feld in der linken unteren Ecke als "Ende"-Feld. Wir nennen übrigens die linke obere Ecke im Zusammenhang mit der TM-Simulation auch **Ruhefeld** und sagen zusätzlich, daß sich Murmel in **Ruheposition** befindet, wenn er sich auf dem Ruhefeld befindet und nach oben (=Norden) schaut. Damit sieht der "Ende"-Test wie folgt aus:

```
FUNCTION ende : BOOLEAN;
BEGIN
     kehrt;
     WHILE vornefrei DO vor;
     IF NOT leer THEN
       BEGIN
         nimm;
         ende:=NOT leer;
         gib;
       END
     ELSE
         ende:=FALSE;
     kehrt;
     WHILE vornefrei DO vor;
END;
```

Das Ende der Simulation wird nach dieser Deklaration genau dann erreicht, wenn auf dem Feld in der linken unteren Ecke mindestens zwei Körner liegen. Liegt dort nur ein Korn, so zeigt dieses den Zustand der simulierten Turingmaschine an. Das zeitliche Verhalten des Turing-Simulators kann allerdings ein wenig verbessert werden, wenn man das Ruhefeld zugleich als "Ende"-Feld benutzt. Diese Verbesserungen werden aber dem Leser überlassen.

Die eben angegebene Version des **ende**-Testes geht davon aus, daß sich Murmel in Ruheposition befindet, wenn der Test aufgerufen wird.

Im Verlaufe der Simulation wird es immer wieder vorkommen, daß Murmel die Ruhepositon aufsuchen muß. Daher wird zunächst eine Prozedur entwickelt, die Murmel in diese ausgezeichnete Position bringt.Die Prozedur ergibt sich einfach zu:

```
PROCEDURE Ruheposition_einnehmen;

 (* Es wird angenommen, dass Murmel nach rechts *)
 (* schaut, wenn dieser Befehl aufgerufen wird. *)

BEGIN
  links;  (* Murmel schaut nun nach Norden *)
  Gehe_bis_zur_Wand;
  (* Murmel steht in der obersten Zeile *)
  links;
  (* Murmel schaut nach Westen (=links) *)
  Gehe_bis_zur_Wand;  (* Murmel ist in Ruhelage *)
  rechts;
END;
```

Wir gehen nun aber systematisch nach der TOP-DOWN-Methode vor. Dabei werden für den Leser ein Reihe von Übungsaufgaben abfallen. Der vollständige Turingsimulator findet sich auf der Begleitdiskette, so daß hier nur die wichtigsten Anregungen gegeben werden. Vielleicht ist es aber für den Leser spannender, alles selbständig zu machen. Dieses stellt eine gute Übung dar. Es wäre dann sicherlich interessant die entstandene Lösung mit der vorgelegten zu vergleichen. Ein Leser, der sich auf dieses Abenteuer einlassen will, sollte jetzt nicht weiterlesen, sondern sich an die Arbeit machen, die sicherlich einige Stunden in Anspruch nehmen wird.

Der erste Schritt besteht darin, die Prozedur zur Festlegung der richtigen Programmzeile zu entwickeln. Es wird daran erinnert, daß in der ersten Spalte der Murmeltierwelt eine Marke die zu bearbeitende Programmzeile festlegt. Wir gehen davon aus, daß diese Marke in der ersten Programmzeile eines Zustandes steht, wenn die Prozedur aufgerufen wird. Steht nun auf dem Arbeitsfeld das Zeichen **1** (= ein Korn), so muß diese Marke um ein Feld weiter nach unten verschoben werden, damit Murmel im Verlaufe der Bearbeitung auch stets die richtige Programmzeile findet.

Murmel muß also zunächst zum Arbeitsfeld gehen und feststellen, welches Symbol dort steht. Daran anschließend muß die Marke in der ersten Spalte eventuell um ein Feld nach unten verschoben werden. Wir erhalten

```
PROCEDURE lese_Symbol_und_lege_passende_Zustandszeile_fest;
BEGIN
  Gehe_zum_Arbeitsfeld;
  IF leer THEN
   verschiebe_Zustandsanzeiger_um_ein_Feld_nach_unten;
  Ruheposition_einnehmen;
END;
```

ÜBUNG 6.3: Man gebe Verfeinerungen für die beiden neuen Prozeduren an, die soeben benutzt wurden. Man achte insbesondere auf die Blickrichtung, die Murmel nach der Ausführung haben muß, da in jedem Falle noch die Ruheposition eingenommen werden muß.

Nach der Ausführung dieser Prozedur sind wir sicher, daß sich Murmel wieder in Ruheposition befindet. Wir können uns jetzt daran machen, eine erste Verfeinerung für die nächste Aufgabe anzugeben, die darin besteht, das neue Symbol auf das Arbeitsfeld zu schreiben. Dazu müssen wir Murmel zuerst in die Spalte C der Programmzeile bringen und dann in Abhängigkeit vom gefundenen Symbol eine **0** oder eine **1** auf das Arbeitsfeld schreiben. Beim Schreiben der **1** ist noch zu beachten, daß auf dem Arbeitsfeld bereits ein Korn liegen könnte. Als erste Annäherung erhalten wir:

```
PROCEDURE schreibe_neues_Symbol;

BEGIN (* Murmel ist in Ruheposition *)
  suche_zustandszeile;
  vor; vor; (* Symbolfeld = dritte Spalte *)
  IF leer THEN schreibe_0 ELSE schreibe_1;
  Ruheposition_einnehmen;
END;
```

Es sei angemerkt, daß Murmel die Blickrichtung Osten haben muß, wenn die Bearbeitung die Prozedur **suche_zustandszeile** abgeschlossen ist.

Auch die folgende Prozedur läßt sich in der ersten Grobfassung schnell notieren, obwohl bis zur vollständigen Verfeinerung noch einige Detailarbeit zu leisten ist.

```
PROCEDURE bewege_LSKopf;
BEGIN  (* Murmel ist in Ruheposition *)
  suche_zustandszeile; (* Murmel schaut nach rechts    *)
  vor; vor; vor;       (* 4.Spalte enthaelt Richtungs- *)
                       (* information                  *)
  IF leer THEN
    linksbewegung_des_LSKopfes
  ELSE
    rechtsbewegung_des_LSKopfes;
  Ruheposition_einnehmen;
END;
```

Die Festlegung der neuen Zustandszeile gestaltet sich schon ein wenig schwieriger, da Murmel nicht direkt zählen kann. Nun kommt auch die Spalte F ins Spiel, die wir dazu benutzen, die alte Zustandszeile zu markieren. Außerdem werden die Körner aus der

Spalte E schrittweise in dieses Feld gebracht. In Spalte E findet sich nämlich die Information über den Folgezustand. Die Bestimmung der neuen Zustandszeile erfolgt nach dem folgenden Verfahren:

Wir nehmen ein Korn aus dem Feld für den Folgezustand und bringen es auf das danebenliegende Hilfsfeld der Spalte F. Dann legen wir auf dem Ruhefeld ein Korn ab und markieren so die erste Zeile als vorläufige Programmzeile. Dann bewegen wir uns wieder zum Folgezustandsfeld. Liegt dort noch ein Korn, so muß der Zustandsanzeiger um zwei Felder nach unten bewegt werden. Zuvor entfernen wir wieder ein Korn vom Folgezustandsfeld und legen es im Hilfsfeld ab. Dieses machen wir solange, bis auf dem Folgezustandsfeld der alten Zustandszeile kein Korn mehr liegt. In diesem Moment haben wir die Marke der ersten Spalte in die richtige Zeile gebracht. Wir müssen noch die Körner aus der Hilfsspalte F wieder an ihren ursprünglichen Ort bringen. Anschließend bewegen wir uns wieder in Ruheposition und können den nächsten Befehl ausführen. Die Hilfsspalte F wird also in einem doppelten Sinne benutzt: Zum einen markieren wir dort die alte Zustandszeile, andererseits benutzen wir sie auch zum Zählen.

Eine einfachere Möglichkeit könnte darin bestehen, sämtliche Körner des Folgezustandsfeldes aufzunehmen und diese dann direkt zum Zählen zu benutzen, wie wir das damals beim Problem mit dem joggenden Murmeltier bereits vorgemacht haben. Andererseits muß aber beachtet werden, daß wir Murmel eine gewisse Anzahl von Körnern mit auf den Weg geben müssen, da er beim Schreiben des Symbols **1** auf zuvor leeren Feldern Körner benötigt. Andererseits sammelt er auch beim Schreiben des Symbols **0** Körner ein.

Wir müssen innerhalb der Prozedur auch feststellen, ob die Arbeit des TM-Simulators abzubrechen ist, weil es gegebenfalls keine Programmzeile zum vorgefundenen Folgezustand gibt.

Nach diesen Vorüberlegungen ergibt sich unmittelbar die Prozedur aus dem folgenden Kasten (siehe nächste Seite).

Das zeitliche Verhalten dieser Prozedur läßt sich sicherlich noch verbessern. Hier wird aber die angegebene Version bevorzugt, weil wir uns dazu entschlossen haben, Prozeduren zu schreiben, die unabhängig (oder nahezu) voneinander sind. Zudem ist es eine schöne Übungsaufgabe für den Leser und sicherlich sehr befriedigend für ihn, wenn der Versuch von Erfolg gekrönt ist.

```
PROCEDURE lege_neue_Zustandszeile_fest;
BEGIN  (* Murmel ist in Ruheposition *)
  suche_Zustandszeile;
  entferne_alte_Marke;
  vor;vor;vor;vor;           (* geht zum Folgezustandsfeld *)
  nimm; vor; gib;            (* markiert alte Zustandszeile*)
  Ruheposition_einnehmen;    (* Murmel schaut nach oben *)
  gib;
  suche_alte_Zustandszeile; (* Murmel schaut nach rechts *)
  WHILE NOT leer DO
    BEGIN
      nimm; vor; gib;
      Ruheposition_einnehmen;
      suche_Zustandszeile;
      schiebe_Zustandsanzeiger_zwei_Felder_weiter;
      Ruheposition_einnehmen;
      suche_alte_Zustandszeile;
    END;
  uebertrage_Koerner_aus_Hilfsfeld;
  Ruheposition_einnehmen;
  IF zustandszeile_existiert_nicht THEN
    breche_die_Arbeit_ab;
END;
```

ÜBUNG 6.4: Man gebe die notwendigen Verfeinerungen für die oben stehende Prozedur an. Verbessere das zeitliche Verhalten !

Ist der Turingsimulator erst einmal fertig, so will der Leser ihn sicherlich anhand einiger kleiner Programme austesten. Die folgenden Übungsaufgaben beschäftigen sich daher mit der Programmierung der Turingmaschine. Sollte man mit 7 Programmzeilen nicht auskommen, so ist es auf sehr einfache Weise möglich, den "Programmspeicher" zu vergrößern, indem man die Darstellung des Programmes und des Turingbandes um 90 Grad in Uhrzeigerrichtung dreht. Dann muß Murmel in der rechten oberen Ecke starten. Unser Turingprogramm muß dann gleich zu Beginn einen **rechts**-Befehl ausführen. Dieses ist allerdings nur bei der Version der Murmeltierwelt möglich, die den Textbildschirm benutzt.

ÜBUNG 6.5: Schreibe ein TM-Programm, das eine Strichfolge, die gleich zu Beginn des Bandes steht, kopiert. Beachte, daß Original und Kopie durch ein leeres Feld getrennt sein müssen! Anderenfalls könnte es passieren, daß dabei die Lösung für die folgende Übung herausspringt.

ÜBUNG 6.6: Schreibe ein TM-Programm, das das Turingband mit Einsen vollschreibt. (In unserer begrenzten Murmeltierwelt ist das Band endlich, so daß das Programm irgendwann abgebrochen wird. Geht man aber von einem unendlich langen Band aus, so erhält man ein Programm, das niemals stoppt!)

ÜBUNG 6.7: Schreibe ein TM-Programm, das eine Zahl verdoppelt!

ÜBUNG 6.8: Schreibe ein TM-Programm, das zwei Zahlen voneinander subtrahiert.

ÜBUNG 6.9: Schreibe ein TM-Programm, das zwei Zahlen miteinander multipliziert. (Hier muß man unbedingt mit der "gedrehten" Turingmaschine arbeiten.)

Die letzten Übungen haben gezeigt, daß man mit Turingmaschinen einiges anfangen kann. (Abgesehen von der enormen Rechenzeit, die man in Kauf nehmen muß. Andererseits hofft der Verfasser, daß es dem Leser ein wenig Spaß gemacht hat, Murmel in wilder Arbeitswut über den Bildschirm flitzen zu sehen.) TURING hat nun 1936 bewiesen, daß mit seiner Maschine eine gewisse Klasse von Funktionen berechnet werden kann. Es handelt sich dabei um die Klasse der rekursiven Funktionen, die man auch unabhängig vom Begriff der Turingmaschine definieren kann. Die bisherigen Erfahrungen haben gezeigt, daß alle Versuche zur Präzisierung des Algorithmus- bzw. des Berechenbarkeitsbegriffes, zueinander äquivalent sind. Alle vorgeschlagenen Präzisierungen sind dazu in der Lage, die Klasse der rekursiven Funktionen zu berechnen, so daß man davon ausgehen kann, daß die rekursiven Funktionen gerade diejenigen sind, die mit algorithmischen Methoden berechenbar sind (CHURCHsche These).

Somit haben wir hier nachgewiesen, daß durch das Verschieben von Körnern jedes algorithmisch lösbare Problem von Murmel gelöst werden kann. In diesem Lichte sollte man das Glasperlenspiel von Hermann Hesse noch einmal lesen.

Es gibt andererseits Funktionen, die nicht zur Klasse der berechenbaren Funktionen gehören. Es soll jetzt die Idee zum Beweis dieser letzten Aussage kurz skizziert werden. Dabei wird noch ein wichtiges Ergebnis der theoretischen Informatik abfallen.

Der Turingsimulator stellt ein Programm dar, das jede Turingmaschine im Prinzip simulieren kann, abgesehen vom begrenzten Speicher. Ähnlich kann man eine Turingmaschine angeben, die jede andere Turingmaschine simuliert. Dabei muß man dieser universellen Turingmaschine natürlich mitteilen, welche Turingmaschine simuliert werden soll. Dieses kann man in ähnlicher Weise machen, wie wir das mit der Murmeltierwelt auch gemacht haben: Durch bestimmte Symbolfolgen auf dem Band der universellen Turingmaschine teilen wir ihr das Programm der zu simulierenden Maschine mit. Dazu muß man sich selbstverständlich überlegen, wie diese Codierung vorzunehmen ist. Das soll an dieser Stelle aber nicht dargestellt werden, sondern wir gehen einfach davon aus, daß es möglich ist. Wir erhalten also eine Symbolfolge, die aus den Symbolen **0** und **1** besteht. Diese Symbolfolge kann als Dualzahl aufgefaßt werden.

Man kann nun jede Turingmaschine auf ihre eigene Codierung ansetzen, d.h. wir nehmen eine Turingmaschine, suchen die Bandinschrift für die universelle Turingmaschine, setzen aber nicht diese, sondern die ursprüngliche TM darauf an. Es gibt verschiedene Möglichkeiten, wie eine Turingmaschine auf die eigene Codierung reagieren kann. Uns sollen aber hier nur zwei Möglichkeiten interessieren: Entweder stoppt die Turingmaschine, wenn sie auf ihre eigene Codierung angesetzt wird, oder sie stoppt nicht.

Wir haben nun sämtliche Informationen zusammen, um eine Funktion angeben zu können, die nicht zu den rekursiven Funktionen gehört. Wir können die Turingmaschinen auf zwei verschiedene Klassen verteilen: Eine Klasse enthält alle Turingmaschinen, die nicht stoppen, wenn sie auf ihre eigene Codierung angesetzt werden. Die andere Klasse enthält diejenigen Turingmaschinen, die stoppen, wenn sie auf ihre eigene Codierung angesetzt werden.

Die Codierungen der Turingmaschinen können als Dualzahlen aufgefaßt werden. Auf diese Weise können wir allen Turingmaschinen eine Nummer zuordnen, indem wir die Codierungen aufsteigend der Größe nach sortieren und dann von vorne beginnend die Turingmaschinen durchnumerieren.

Im nächsten Schritt können wir die nicht rekursive und damit auch nicht berechenbare Funktion angeben, indem wir festlegen:

$$f(n) = \begin{cases} 0 & \text{wenn die TM mit Nummer n stoppt} \\ 1 & \text{wenn die TM mit Nummer n nicht stoppt} \end{cases}$$

Wäre diese Funktion berechenbar (rekursiv), so müßte es eine Turingmaschine geben, die sie berechnet. Zur Berechnung des Funktionswertes an der Stelle n können wir diese TM ansetzen auf die Codierung der Turingmaschine mit der Nummer n. Unser "Stopptester" schreibt dann den Wert **0** auf ein bestimmtes Feld (etwa das erste Feld des Turingbandes), wenn die TM mit Nummer n, angesetzt auf die eigene Codierung stoppt, sonst schreibt sie eine **1** auf dieses Feld.

Im letzten Schritt der Diskussion ändern wir den "Stopptester" ein wenig ab: Die neue Version soll mit dem Wert 1 stoppen, wenn die TM mit Nummer n, angesetzt auf die eigene Codierung nicht stoppt, sie soll aber in eine unendliche Schleife geraten (etwa das Programm aus einer der vorhergehenden Übungen, das das Band mit Einsen vollschreiben sollte), wenn die in Untersuchung befindliche TM, angesetzt auf die eigene Codierung, stoppt.

Frage: Was passiert, wenn wir die neue Version des Stopptesters auf seine eigene Codierung ansetzen ?

Man muß diese Frage einige Zeit auf sich einwirken lassen, bevor man bemerkt, daß man sie gar nicht beantworten kann, denn man gerät in jedem Fall in einen Widerspruch:

Der neue Stopptester müßte genau dann stoppen, wenn er nicht stoppt.

Das ist unsinnig!

Aus diesem Grunde müssen wir darauf schließen, daß es diesen Stopptester gar nicht geben kann. Demnach ist auch die angegebene Funktion nicht berechenbar.

Das eben angegebene Resultat findet sich in der Literatur unter der Bezeichnung **Unentscheidbarkeit des Halteproblems.** Man kann den Satz auf alle existierenden Computer erweitern und gelangt damit zu dem Ergebnis, daß es kein Computerprogramm geben kann, das überprüft, ob ein anderes Pogramm in eine unendliche Schleife geraten könnte.

Das angesprochene Problem ist allerdings partiell entscheidbar, was einfach dadurch gemacht wird, daß man eine TM auf ihre eigene Codierung ansetzt und dann wartet, bis sie stoppt. Bei der Klasse der stoppenden TMn wird das Warten mit einer etsprechenden Entscheidung belohnt. Ist die TM aber nicht auf sich selbst anwendbar, so findet unser Warten kein Ende.

Der Verfasser gibt gerne zu, daß insbesondere der letzte Teil dieses Abschnittes für den einen oder anderen Leser nicht beim ersten Lesen vollständig durchschaut wurde. Dieses mag auch daran liegen, daß es dem Verfasser nicht so ganz gelungen sein könnte, den abstrakten Zusammenhang in verständliche Worte zu fassen. Wer sich aber durch diese Ausführungen nicht hat frustrieren lassen, dem sei das hervorragende Buch "Gödel, Escher, Bach" von Douglas R. Hofstadter empfohlen, in dem Probleme der obigen Art in sehr interessanter Weise dargelegt werden. Sollte sich jemand nicht mit dem letzten Teil dieses Kapitels anfreunden können, so sei ihm versprochen, daß das folgende Kapitel wieder ein wenig einfacher wird.

7 Murmel und die Wurzeln

Im letzten Kapitel haben wir gesehen, daß Murmel zu einem universellen Rechner gemacht werden kann. Es wurde auch die CHURCHsche These erwähnt, die besagt, daß die rekursiven Funktionen gerade die Klasse der berechenbaren Funktionen bilden. Aufgrund der Tatsache, daß es zu jeder rekursiven Funktion eine geeignete Turingmaschine gibt, kann man darauf schließen, daß man mit Turingmaschinen prinzipiell jedes algorithmisch lösbare Problem in den Griff bekommen kann.

Im angesprochenen Kapitel wurden TM-Programme für die Berechnung ganz einfacher Funktionen angegeben. Will man kompliziertere Funktionen berechnen, so wird die Sache ziemlich aufwendig. Aus diesem Grunde weichen wir auf ein anderes Maschinenmodell aus, das in seiner Mächtigkeit äquivalent zur Turingmaschine ist. Es handelt sich dabei um die sogenannte **Registermaschine** (im folgenden mit RM abgekürzt). Der Beweis der Äquivalenz von Turing- und Registermaschinen ist nicht sehr schwer, andererseits aber recht aufwendig, so daß hier nicht darauf eingegangen werden kann.

Das Konzept "Registermaschine" liefert eine einfache Möglichkeit, Murmel auch die Berechnung aufwendigerer Funktionen zu ermöglichen. Daher ist dieses Kapitel als Abschluß unserer, mitunter anstrengenden Reise, durch die Welt der Programmierkunst gedacht, denn es bildet einen Übergang zu normalen Programmierproblemen, die allerdings noch im Rahmen der Murmeltierwelt behandelt werden. Schließlich wird unser Rechner doch noch zu der Beschäftigung gebracht, die ihm den Namen gab. Andererseits kann man sich aber auch vorstellen, Murmel sei der programmierbare Rechner.

Was versteht man unter einer Registermaschine ? Der Name deutet schon darauf hin, daß ein Bestandteil dieser Maschine eines oder mehrere **Register** sind. Darunter versteht man in diesem Falle einfach einen Speicher (Kornspeicher?), der eine natürliche Zahl abspeichern kann. Die natürlichen Zahlen sind bekanntlich die Zahlen 0,1,2,3,... . Über die Zahl der Register machen wir noch keine genauen Angaben. Die Registermaschine beherrscht zwei verschiedene Elementaroperationen: Addition bzw. Subtraktion von Eins zu bzw. von einem Register. Dabei ist für die Subtraktion anzumerken, daß ein leeres Register - d.h. ein Register mit Inhalt 0 - seinen Wert bei der Anwendung der Subtraktion nicht verändert. Außerdem kann die Registermaschine überprüfen, ob ein

Register den Wert 0 enthält und vom Testausgang den Fortgang der Berechnung abhängig machen.

Man erkennt ganz deutlich, daß die Registermaschine sehr viel mit Murmel gemein hat: Der Addition von Eins entspricht das Ablegen eines Kornes auf einem bestimmten Feld. Die Subtraktion kann durch den Befehl **nimm** bzw. durch **IF NOT leer THEN nimm** abgebildet werden, während der Test **leer** in natürlicher Weise dem Registermaschinentest entspricht. Daher haben wir gute Chancen, die Arbeitsweise der Registermaschine auf unser Murmeltier abzubilden.

Zur Registermaschine gibt es eine einfache Programmiersprache, die wir dem Buch von E. COHORS-FRESENBORG (siehe Lit.-Verzeichnis) entnommen haben. In diesem Buch wird die Klasse der rekursiven Funktionen mit Hilfe des Registermaschinenmodelles untersucht. Unter anderem wird auch versucht, die Unentscheidbarkeit des Halteproblems für Registermaschinen nachzuweisen.

Die Programmiersprache für Registermaschinen ist nicht sehr schwierig und Registermaschinen-Programme können direkt in die Programmiersprache Pascal übersetzt werden, wobei lediglich die **WHILE...DO**-Schleife benötigt wird. Mit Hilfe des Prozedurkonzeptes ist es jedoch möglich, die Programmentwicklung zu beschleunigen.

Die Elementarbefehle werden mit $\mathbf{A_i}$ (Addiere in Register i) bzw. $\mathbf{S_i}$ (Subtrahiere von Register i) bezeichnet, wobei der Index **i** angibt, in welchem Register die jeweilige Operation durchzuführen ist. Die Programmiersprache der Registermaschine enthält noch ein weiteres Element: **Klammern.** Klammern müssen immer paarweise gesetzt werden, d.h. zu jeder öffnenden Klammer muß auch eine zugehörige schliessende Klammer in einem korrekten RM-Programm vorkommen.

Ist **P** ein Programm für eine Registermaschine, so stellt der Ausdruck

(*) $(_{i}\ \mathbf{P}\ )$

ein neues Programm dar. Es bedeutet, daß das Programm P solange zu wiederholen ist, wie das **i**-te Register nicht leer ist. In Pascal müßte (*) wie folgt formuliert werden:

```
(**)      WHILE NOT Register_i_leer DO P;
```

Es ist also nicht sehr schwer, RM-Programme zu lesen und in die Programmiersprache Pascal zu übersetzen. Wir müssen dann allerdings auch die Elementaroperationen auf die Murmeltierwelt übertragen. Dieses ist nicht sehr schwierig, wenn zuvor Vereinbarungen darüber getroffen werden, wie die einzelnen Register in der Murmeltierwelt darzustellen sind. Dazu legen wir einfach fest, daß die erste Zeile der Murmeltierwelt die Register aufnimmt. Das erste Register findet sich in der linken oberen Ecke und die weiteren Register schließen sich jeweils rechts an. Dann erhalten wir die Elementaroperationen, wie folgt:

```
PROCEDURE A_1;
BEGIN
  gib;
END;

PROCEDURE A_2;
BEGIN
  vor;gib;
  kehrt;vor;kehrt;
END;

PROCEDURE A_3;
BEGIN
  vor;vor;gib;
  kehrt;vor;vor;kehrt;
END;
```

Die anderen Elementaroperationen ergeben sich auf ähnliche Weise. Wir gehen dabei, der aufmerksame Leser wird es bereits bemerkt haben, immer davon aus, daß Murmel stets in der linken oberen Ecke steht, wenn eine der Elementaroperationen aufgerufen wird. Außerdem blickt er nach rechts. Hier muß sich Murmel auch dann aufhalten, wenn einer der Tests aufgerufen wird, die nicht sehr schwierig zu programmieren sind und aus diesem Grunde hier auch gar nicht angegeben werden. Wir befassen uns jetzt mehr mit der Registermaschine bzw. mit den Programmen für sie, die dann auf einfache Weise in Murmelprogramme übersetzt werden können, um so ausgetestet zu werden.

Eine sehr wichtige Operation ist das Kopieren eines Registerinhaltes. Daher werden wir uns als erstes damit befassen. Es wird also die Aufgabe gestellt, den Inhalt des zweiten Registers in das dritte Register zu bringen; dabei soll das zweite Register nach Abschluß der Operation wieder seinen ursrünglichen Inhalt haben. Eine solche Aufgabenstellung wird ab jetzt immer wie folgt dargestellt:

$$(0,x,0,0,0) \xrightarrow{P} (0,x,x,0,0)$$

Dieses liest sich wie folgt:

> Das Programm P überführt die links stehende Registerbelegung in die rechts stehende.

Wir gehen dabei zunächst immer von einer Registermaschine mit fünf Registern aus. Sollten mehr oder weniger Register benötigt werden, so wird dieser Sachverhalt in der Schreibweise angegeben.

Nun zum Problem: Würden alle Körner auf einmal aus dem zweiten Feld entfernt, so ginge die Information darüber verloren, welche Zahl zu kopieren war, denn für die auszuführenden Additionen muß Murmel über einen entsprechend großen Körnervorrat verfügen. Aus diesem Grunde müssen die Körner einzeln bewegt werden. Andererseits reicht es auch nicht hin, wenn wir sagen, daß solange das zweite Feld nicht leer ist, ein Korn zu entfernen und im dritten Feld eines hinzuzufügen ist, denn dann hätten wir die Zahl nach Abschluß des Programmes zwar im dritten Register, aber das zweite Register wäre leer. Somit muß mit einem Hilfsregister gearbeitet werden. Dazu wird das vierte Register ausgewählt, denn dieses ist ja laut Aufgabenstellung leer. Der Kopiervorgang wird wie folgt in der Sprache der Registermaschinen ausgedrückt:

$(_2\ S_2\ A_3\ A_4)$

Nach der Ausführung dieses Teilprogrammes steht die Zahl x im dritten und im vierten Register. Wir müssen sie jetzt noch aus dem vierten Register in das zweite bringen, wobei diesesmal ohne Hilfsregister gearbeitet werden kann, da das vierte Register anschließend leer sein darf bzw. muß. Das bedeutet, daß das folgende Programmstück noch anzuhängen ist:

$(_4\ S_4\ A_2\ )$

Dieses Programm kann direkt in das folgende Murmelprogramm übersetzt werden:

```
PROGRAM kopiere_2_nach_4;
USES turtlegraphics, murmeltierwelt;

      (* Deklarationen *)

BEGIN
  initialisiere_die_Murmeltierwelt;

  WHILE NOT Register_2_leer DO
    BEGIN
      S_2; A_3; A_4;
    END;
  WHILE NOT Register_4_leer DO
    BEGIN
      S_4; A_2;
    END;

  anzeigen_des_ergebnisses;
END.
```

Die Prozedur **anzeigen_des_ergebnisses** kann dazu dienen, die Inhalte der einzelnen Register in einer lesbaren Form darzustellen, etwa indem man das Ergebnisregister in die Dezimalschreibweise übersetzt. Hier kann man dann auf ein Ergebnis aus einem früheren Kapitel zurückgreifen.

Mit Hilfe der Prozedur **kopiere_1_nach_3** und **kopiere_2_nach_3** kann man dann ein RM-Programm für die Addition zweier Zahlen schreiben, das also das folgende leistet:

$$(x,y,0,0,0) \xrightarrow{P} (x,y,x+y,0,0)$$

Es ergibt sich zu:

$$({}_1\ S_1\ A_3\ A_4\ )({}_4\ S_4\ A_1\ )({}_2\ S_2\ A_3\ A_4\ )({}_4\ S_4\ A_2)$$

oder lesbarer in Pascal unter Verwendung von Prozeduren:

```
PROGRAM addiere_1_und_2_zu_3;
    (* Deklarationen *)
BEGIN
  initialisiere_die_Murmeltierwelt;
  kopiere_1_nach_3;
  kopiere_2_nach_3;
END.
```

Man beachte, daß das Kopierprogramm von oben eigentlich schon ein Additionsprogramm darstellt und besser **Addiere_1_zu_3** hieße. Andererseits kann man es auch zum Kopieren benutzen, wenn das Zielregister zuvor leer war.

Es schliessen sich eine Reihe von Übungsaufgaben an, die die Programmierung der Registermaschine einüben sollen, denn wir haben uns laut Überschrift ein ehrgeiziges Ziel gesetzt: Murmel soll das Wurzelziehen lernen.

ÜBUNG 7.1: Man stelle eine Sammlung von Prozeduren zusammen, die die verschiedenen Elementaroperationen der Registermaschine realisieren; ebenso für die Testoperationen. Weiter oben wurden bereits Beispiele für die Additionsbefehle angegeben.

ÜBUNG 7.2: Schreibe ein RM-Programm für die Subtraktion zweier Zahlen, das also folgendes leistet:

$$(x,y,0,0,0) \xrightarrow{P} (x,y,x\dot{-}y,0,0)$$

Da wir nur im Bereich der natürlichen Zahlen rechnen, wurde für die Subtraktion ein anderes Symbol als üblich gewählt. Wir bezeichnen diese Subtraktion als "modifizierte Subtraktion". Für diese gilt

$$x \dot{-} y = \begin{cases} x-y & \text{wenn x größer ist als y} \\ 0 & \text{sonst} \end{cases}$$

ÜBUNG 7.3: Schreibe ein RM-Programm, das den Inhalt des ersten Registers verdoppelt, verdreifacht. Es soll also folgendes leisten:

$$(x,0,0,0,0) \xrightarrow{P} (x,2x,0,0,0)$$

Man kann hier mit Gewinn auf das oben angegebene Kopierprogramm zurückgreifen, wobei lediglich die Zielregister zu ändern sind.

ÜBUNG 7.4: Man gebe ein RM-Programm an für die Multiplikation zweier Zahlen an. Es soll folgendes leisten:

$$(x,y,0,0,0) \xrightarrow{P} (x,y,x\cdot y,0,0)$$

Man bedenke, daß die Multiplikation als fortgesetzte Additon aufgefaßt werden kann.

ÜBUNG 7.5: Man gebe ein RM-Programm an, das die Potenz zweier natürlicher Zahlen berechnet. Es soll folgendes leisten:

$$(x,y,0,0,0) \xrightarrow{P} (x,y,x^y,0,0)$$

Sollte man mit fünf Registern nicht auskommen, so kann man mit weiteren Registern arbeiten. Ebenso wie die Multiplikation als fortgesetzte Addition aufgefaßt werden kann, so kann das Potenzieren durch fortgesetztes Multiplizieren realisiert werden. Man bedenke dabei, daß eine Potenz mit Exponent 0 den Wert 1 besitzt.

ÜBUNG 7.6: Schreibe ein RM-Programm mit dem man das Quadrat einer Zahl berechnen kann. Man kann hier übrigens auf das oben entwickelte Multiplikationsprogramm zurückgreifen.

Ähnlich wie die Multiplikation auf die Addition zurückgeführt werden kann, so kann die Division auf fortgesetzte Subtraktion bei gleichzeitigem Mitzählen zurückgeführt werden. Wir müssen allerdings beachten, daß die Division im Bereich der natürlichen Zahlen nicht immer "aufgeht", d.h. es bleibt gegebenenfalls ein Rest zurück, der hier aber nicht berücksichtigt werden soll. Sollte eine Division nicht aufgehen, so fassen wir die, gegenüber dem korrekten Ergebnis, nächstkleinere natürliche Zahl als Ergebnis der Division auf,m.a.W, die Nachkommastellen werden gestrichen. Als Vorbereitung auf die nächste Übungsaufgabe soll die Division durch 2 betrachtet werden:

Wir überlegen uns die notwendigen Operationen zunächst unter Anwendung der Programmiersprache Pascal, da Pascal die gewohntere Sprachumgebung ist. Eine Division durch 2 kann man dadurch realisieren, daß man vom Dividenden (die zu dividierende Zahl) 2 subtrahiert und dann im Ergebnisregister 1 addiert. Ist durch die Subtraktion der Wert 0 erzielt worden, so ist die Berechnung abgeschlossen. Anderenfalls müssen wir wieder von vorne beginnen, und dieses solange wiederholen, bis der Dividend bis auf 0 heruntergezählt wurde. Es ergibt sich auf Grundlage dieser Idee das folgende Pascal-Programm:

```
PROGRAM Division_durch_2;
USES turtlegraphics, murmeltierwelt;

   (* Deklarationen *)

BEGIN
  initialisiere_die_Murmeltierwelt;

  kopiere_1_nach_3;
  A_3;
  WHILE NOT Register_3_leer DO
    BEGIN
      S_3; S_3; A_2;
      A_1;
    END;
  S_2;
END.
```

Der letzte Subtraktionsbefehl ist deswegen erforderlich, weil als Ergebnis der Division diejenige natürliche Zahl anzusehen ist, die sich ergibt, wenn man vom wirklichen Ergebnis die Nachkommastellen streicht. Allerdings arbeitet das eben angegebene Programm nur korrekt, wenn eine ungerade natürliche Zahl durch 2 zu dividieren ist. Sollte die Division aufgehen, so erhalten wir ein Ergebnis, das um Eins zu klein ist. Aus diesem Grunde muß vor der **WHILE...DO**-Schleife noch Eins im Register 3 addiert werden. Daher erklärt sich der zusätzliche Additionsbefehl vor der Schleife.

Nach diesen Vorbemerkungen ist es ein wenig leichter, ein Divisionsprogramm für die RM zu schreiben, das je zwei beliebige natürliche Zahlen dividieren kann. Man bedenke andererseits, daß man beim Programmtest nicht zu große Zahlen verwenden sollte, weil man anderenfalls mit enormen Rechenzeiten vorlieb nehmen muß.

ÜBUNG 7.7: Schreibe ein RM-Programm, das folgendes leistet:

$$(x,y,0,0,0) \xrightarrow{P} (x,y,[x:y],0,0)$$

Dabei bezeichnet $[x]$ die größte ganze Zahl, die kleiner oder gleich x ist. Für positive Zahlen erhält man diese, indem man die Nachkommastellen streicht. (Für negative übrigens, indem man nach dem Streichen der Nachkommastellen noch Eins subtrahiert.)

Doch kommen wir nun zum Hauptziel des Kapitels: Murmel soll das Wurzelziehen erlernen. Dabei muß aber wieder berücksichtigt werden, daß das Ergebnis nicht in voller Genauigkeit angegeben werden kann, sondern wiederum nur unter Streichung der Nachkommastellen.

Bekanntlich ist die Wurzel einer Zahl diejenige Zahl, deren Quadrat den Radikanden ergibt. Mit "Radikand" bezeichnet man die Zahl, aus der die Wurzel zu ziehen ist. Eine Möglichkeit, die Wurzel zu bestimmen, besteht darin, daß man die Zahlen, von 1 beginnend, nacheinander daraufhin untersucht, ob deren Quadrat mit dem Wert des Radikanden übereinstimmt. Zur Berechnung der Wurzel mit Hilfe der RM benötigt man also als Teilprogramm ein Programm zur Quadrierung. Dieses kann leicht aus dem Programm zur Multiplikation gewonnen werden. Das wesentlich Neue an dem Problem besteht darin, daß man überprüfen muß, ob der Inhalt zweier Register gleich ist. Das ist, unter Berücksichtigung der Eigenschaften der modifizierten Subtraktion, genau dann der Fall, wenn gilt:

$$(*) \qquad (x \dot{-} y) + (y \dot{-} x) = 0$$

Die Schleife, bei deren Durchgang jedesmal der Wert 1 zum Ergebnisregister addiert wird, kann also nach einem Register gesteuert werden, das den jeweiligen Wert des linken Terms der obigen Gleichung (*) enthält. Nach diesen Vorüberlegungen erhalten wir als erstes das folgende Pascal-Hauptprogramm:

```
PROGRAM wurzel_ziehen;
USES turtlegraphics, murmeltierwelt;

    (* Deklarationen *)

BEGIN
  initialisiere_die_Murmeltierwelt;

  berechne_die_Differenzsumme_nach_4;
  WHILE NOT Register_4_leer DO
    BEGIN
      erhoehe_ergebnisregister_um_1; (* A_2 *)
      quadriere_das_ergebnisregister;
      berechne_die_Differenzsumme_nach_4;
    END;
   loesche_saemtliche_Hilfsregister;
END.
```

Man teste dieses Programm für verschiedene Zahlen. Handelt es sich bei der Testzahl um eine Quadratzahl, so bestimmt das vorliegende Programm (wenn es durch die Angabe der entsprechenden Verfeinerungen vervollständigt ist) das korrekte Ergebnis. Wird allerdings eine Zahl eingegeben, die nicht Quadratzahl ist, so gerät das Programm in eine Endlos-Schleife, da der Test auf Gleichheit niemals mit dem Wahrheitswert TRUE ausgehen wird. Liegt das Quadrat des Inhaltes des Ergebnisregisters nämlich irgendwann einmal oberhalb des Radikanden, so können wir unsere Berechnung abbrechen. Dann müssen wir allerdings wieder Eins vom Ergebnisregister subtrahieren, da ja $\lfloor\sqrt{x}\rfloor$ berechnet werden sollte. Wir haben hier also nebenbei mit den gleichen Schwierigkeiten zu rechnen wie bei der Division. Insgesamt ergibt sich, daß wir nicht auf Gleichheit testen dürfen, sondern stattdessen überprüfen müssen, ob das Quadrat des Ergebnisregisters größer ist als der Radikand. Dieses kann wieder dadurch geschehen, daß man eine passende Differenz bildet. Nach diesen Vorbemerkungen wird der Leser sicherlich dazu in der Lage sein, das Programm zum Ziehen der Wurzel vollständig anzugeben. Dieses ist Thema der folgenden Übungsaufgabe:

ÜBUNG 7.8: Man vervollständige das Programm zum Wurzelziehen durch Angabe der notwendigen Verfeinerungen.

Bislang haben wir die RM-Programme stets in die Sprache Murmels übersetzt. Nach den Erfahrungen mit der TURING-Maschine bleibt allerdings die Frage offen, ob man nicht **ein** Murmelprogramm schreiben kann, das jede Registermaschine simulieren kann. Dieses Programm würde das auszuführende RM-Programm als Körnermuster in seiner Welt vorfinden, ähnlich wie wir die TM-Programme in die Murmeltierwelt gelegt haben. Dieses ist in der Tat möglich. Dazu muß man sich allerdings einen Code überlegen, durch den man die Elementaroperationen darstellen will. Man könnte etwa folgende Zuordnung treffen:

A	1 Korn
S	2 Körner
(	3 Körner
)	4 Körner

Das RM-Programm könnte in die erste Zeile der Murmeltierwelt gelegt werden. Die Angabe der jeweils betroffenen Register kann man unter das Operatorenfeld legen. Die Register könnten schließlich in der dritten Zeile untergebracht werden. Murmel würde das Programm lesen, interpretieren und ausführen, ähnlich wie bei der TM-Simulation.

Dabei tritt allerdings eine besondere Schwierigkeit auf, die darin begründet liegt, daß Klammern auch verschachtelt vorkommen können. (Eine WHILE...DO-Schleife innerhalb einer anderen WHILE-DO-Schleife). Das Problem besteht darin, zu einer öffnenden Klammer die zugehörige schliessende Klammer zu finden. Dieses kann man aber durch mitzählen realisieren oder durch die folgende, rekursive Prozedur, die allerdings nur grob angegeben wird:

```
PROCEDURE suche_zugehoerige_klammer_auf;
BEGIN
  vor;
  WHILE NOT Klammer_auf DO
    IF Klammer_zu THEN
      suche_zugehoerige_klammer_auf
    ELSE vor;
 END
```

Wer bis zu dieser Stelle mitgearbeitet hat, wird sicherlich keine Hilfe mehr benötigen, um dieses RM-Projekt zu einem erfolgreichen Ende zu führen. Vielleicht fallen dem Leser aber auch noch zusätzliche Anwendungsfelder für die Murmeltierwelt ein. Der Verfasser würde sich sehr freuen, wenn er entsprechende Rückmeldungen bekäme. Dazu möchte er zum Abschluß noch seine Adresse hinterlassen:

Heiner Pinke
Am Böllenmoor 30
4470 Meppen

Aber jetzt ruft meine Frau gerade zum 7384. Male zum Tee und ...

Anhang

A.1 **Das UCSD-Betriebssystem** - Ein kurzer Überblick

Im folgenden soll ein kurzer Überblick über die wichtigsten Funktionen des UCSD-Betriebssystems gegeben werden, das dem Apple-Pascal zugrundeliegt. Dabei kann an dieser Stelle selbstverständlich nicht auf alle Befehle eingegangen werden. Ebensowenig werden die einzelnen Teile in aller Ausführlichkeit beschrieben, sondern nur diejenigen Befehle, die für eine Arbeit mit der Murmeltierwelt unbedingt erforderlich sind. Für einen genauen Überblick ziehe man das Handbuch der Firma Apple zu Rate.

A 1.1 **Starten des Systems**

Es wird davon ausgegangen, daß mit einer Konfiguration gearbeitet wird, die zwei Diskettenlaufwerke enthält. Zum Starten lege man dabei eine Diskette, die das Betriebssystem enthält in Laufwerk 1 und eine Diskette, die den Compiler enthält in Laufwerk 2. Dann schalte man den Rechner ein. Die Laufwerke beginnen mit ihrer Arbeit und nach einiger Zeit erhält man auf dem Bildschirm in der obersten Zeile die sogenannte **Hauptkommandozeile** des Betriebssystems, die wie folgt aussieht:

COMMAND:**E(DIT**,**R(UN**,**F(ILE**,C(OMP,L(INK,X(ECUTE,A(SSEM,DEBUG, ?

A 1.2 **Die wichtigsten Betriebssystem-Kommandos**

Dabei sind die wichtigsten Betriebsystemkommandos oben fettgedruckt.

Im einzelnen bedeuten

E(DIT : Eine Betätigung der Taste E ruft den Editor des Betriebssystems auf. Beim Editor handelt es sich um ein Textverarbeitungsprogramm, mit dessen Hilfe man Texte erstellen, verändern und auf Diskette abspeichern kann. Mit diesem Teilprogramm des Betriebssystems müssen wir also unsere Programmtexte eingeben.

R(UN : Wer ein wenig Englisch versteht, der weiß sofort, daß man mit diesem Befehl ein Programm zur Ausführung bringen kann. Ist das Programm noch nicht **compiliert** worden, d.h. wurde es noch nicht von der Programmiersprache Pascal in eine maschinenverständliche*) Sprache übersetzt, so wird vom **Run**-Befehl zunächst der Compiler aufgerufen. Diesen kann man allerdings auch direkt mit dem

Befehl **C(omp** starten.

*) (Es sei an dieser Stelle der Vollständigkeit halber erwähnt, daß das UCSD-Pascal nicht in die Maschinensprache des Gastrechners übersetzt wird, sondern in einen Zwischencode, den sogenannten p-Code. Dieser p-Code stellt die Maschinensprache einer Pseudomaschine dar, die von dem Rechner, auf dem das UCSD-SYSTEM läuft, emuliert wird. D.h. etwa, daß im Apple ein Programm läuft, daß sich wie die p-Maschine verhält. Dieses Programm heißt p-Code-Interpreter.)

F(ILE : Mit diesem Befehl ruft man den **Filer** (sprich: Feiler) auf. Dabei handelt es sich um ein Programm, mit dem man Dateien auf der Diskette verwalten kann (**file ist das englische Wort für Datei**). Dateien sind zusammenhängende Folgen von Zeichen, die auf der Diskette unter einem gewissen, von uns zu wählendem Namen abgespeichert sind. Dabei kann es sich um Programmtexte handeln oder auch um übersetzte Programme. Eine Murmeltierwelt kann ebenfalls auf der Diskette unter einem bestimmten Namen abgespeichert werden. Mit Hilfe des Filers können Dateien von einer Diskette auf eine andere Diskette kopiert oder gelöscht werden. Es gibt auch die Möglichkeit, mittels des Filers einen Programmtext über den Drucker auszugeben.

A 1.3 **Eingabe eines neuen Programms**

Das jeweils in Arbeit befindliche Programm ist stets auf der Diskette in Laufwerk 1 unter dem Namen **system.wrk.text** abgespeichert. Dabei steht die Abkürzung **wrk** für **workfile**, was man wohl am besten mit **Arbeitsdatei** übersetzt. Hat man einen Programmtext vollständig eingegeben und dann in der obersten Kommandoebene den Befehl R(un ausgewählt, so wird zunächst der Compiler gestartet und das übersetzte Programm wird auf der Diskette in Laufwerk 1 unter dem Namen **system.wrk.code** abgespeichert. Das bedeutet, daß zu einem übersetzten Programm stets zwei Dateien gehören, die

Textdatei (textfile) und die Codedatei (codefile). Zur gleichen Zeit kann nur eine Datei (bzw. das Paar textfile/codefile) als Arbeitsdatei behandel . Will man daher ein neues Programm eingeben, so muß man zunächst die sich evtl. auf der Diskette befindlichen Arbeitsdateien löschen, damit man eine neue Arbeitsdatei anlegen kann.

Im allgemeinen Fall wird man die alten Dateien **system.wrk.text** und **system.wrk.code** zuvor auf einer anderen Diskette sichern. Wie man diese Sicherung vornimmt wird weiter unten beschrieben werden.

A 1.3.1 **Anlegen einer neuen Arbeitsdatei**

Um die alte Arbeitsdatei zu löschen (wir werden häufig nur von **der** Arbeitsdatei sprechen, obwohl es sich in Wirklichkeit immer um zwei Dateien handelt), müssen wir das Programm zur Verwaltung von Dateien, den **Filer** aufrufen. Dieses geschieht, indem wir bei sichtbarer Hauptkommandozeile die Taste **F** betätigen. Danach läuft das Diskettenlaufwerk an und wir erhalten in der ersten Bildschirmzeile die Kommandozeile des Filers, die wie folgt aussieht:

```
Filer: G(et,S(ave,W(hat,N(ew,L(Dir,R(em,C(hng,T(rans,D(ate,Q(uit
```

Die Bedeutung der einzelnen Abkürzungen wird weiter unten dargelegt. Im Augenblick interessieren nur drei der Befehle:

N(EW : New ist das englische Wort für "Neu". Indem wir diesen Befehl mittels der Taste **N** aufrufen, wird der Filer dazu veranlaßt, die alte Arbeitsdatei zu löschen.

Liegt zu diesem Zeitpunkt keine Arbeitsdatei vor, so erhalten wir einfach die Meldung "Workfile cleared", was man am besten mit "Arbeitsdatei gelöscht" übersetzen kann.

Ist eine Arbeitsdatei vorhanden, so fragt das Filerprogramm zur Sicherheit nach, ob die Arbeitsdatei wirklich gelöscht werden soll, es könnte doch schließlich vorkommen, daß wir die Taste **N** unabsichtlich betätigt haben. Wir beantworten daher die Frage "Throw away current workfile?" (Soll die augenblickliche Arbeitsdatei fortgeworfen werden?) mit "Y" (für yes=ja) bzw. mit "N" (für no=nein). Beantworten wir die Frage mit **Y**, so setzt sich das Diskettenlaufwerk in Betrieb und wir erhalten nach einer gewissen Zeit die bereits oben erwähnte Meldung "Workfile cleared".

D(ate: Mit dieser Option können wir das Systemdatum neu eingeben. Dieses Datum wird dann zusammen mit jeder Datei abgespeichert. Damit haben wir die Möglichkeit, später festzustellen, wann ein bestimmtes Programm entstanden ist bzw. das letzte Mal auf den neuesten Stand gebracht wurde.

Das Filerprogramm zeigt nach dem Betätigen der Taste **D** das augenblicklich abgespeicherte Datum an. Danach haben wir die Möglichkeit, das Datum neu einzugeben oder aber das angezeigte zu akzeptieren. Das Datum muß im angezeigten Format eingegeben werden. (Für die Monate muß man Abkürzungen aus dem Englischen verwenden: JAN, FEB, MAR, APR, MAY, JUN, JUL, AUG, SEP, OCT, NOV, DEC). Die Eingabe wird durch die sogenannte RETURN-Taste abgeschlossen, die die Kontrolle wieder an das Programm übergibt.

Bild A.1: Die Return-Taste

Q(uit: Haben wir die alte Arbeitsdatei gelöscht und gegebenenfalls das neue Datum eingegeben, so müssen wir das Filerprogramm verlassen. Dieses bewerkstelligen wir durch Drücken der Taste **Q.**

Kurz gefaßt: Wenn wir die Tastenfolge FNYQ bei sichtbarer Hauptkommandozeile eingeben, so wird die alte alte Arbeitsdatei gelöscht und wir gelangen in die Hauptkommandoebene des Betriebssystems zurück. (Man bedenke aber, daß durch diese Kurzfassung das Datum nicht auf den neuesten Stand gebracht wird.)

Nachdem die alte Arbeitsdatei gelöscht wurde und wir wieder die Hauptkommandozeile des Betriebssystems vor uns haben, können wir den **Editor** aufrufen, indem wir die Taste **E** betätigen. Dadurch wird das Betriebssystem dazu veranlaßt, das Editorprogramm zu starten. Dieses meldet sich wie folgt:

```
EDIT:
NO WORKFILE IS PRESENT.FILE?( RET  FOR NO FILE  ESC-RET TO EXIT)
:
```

Diese Mitteilung kann wie folgt sinngemäß übersetzt werden:

```
HIER IST DER EDITOR:
KEINE ARBEITSDATEI VORHANDEN! GEBEN SIE DEN NAMEN EINER
EXISTIERENDEN DATEI AN ( RETURN-TASTE, WENN SIE MIT EINER NEUEN
DATEI ARBEITEN WOLLEN. ESC-TASTE UND RETURN-TASTE, WENN SIE
DIESES PROGRAMM VERSEHENTLICH AUFGERUFEN HABEN )
:
```

Da wir eine neue Datei anlegen wollen betätigen wir einfach die RETURN-Taste (siehe Bild A.1).

Wurde die Arbeitsdatei nicht gelöscht, so wird der Text eingelesen und wir können diesen Text bearbeiten, das heißt ergänzen, verändern etc. Dazu später mehr.

Anschließend erscheint die Kommandozeile das Editors!

A 1.3.2 **Texteingabe - Die Editor-Kommandos**

Die Kommandozeile des Editors sieht wie folgt aus:

EDIT: A(DJST,C(PY,**D(LETE**,F(IND,**I(NSRT**,R(PLACE,**Q(UIT**,X(CHNG,Z(AP

Die für uns wichtigen Kommandos sind wieder durch Fettdruck hervorgehoben. Es bedeuten im einzelnen:

D(LETE : Löschen von Text ab Cursorposition. (Der Cursor ist das kleine blinkende Rechteck. Manchmal spricht man auch von der Schreibmarke.) (**delete** ist mit **löschen** zu übersetzen.)

I(NSERT: Einfügen von Text ab Cursorposition. (**to insert** ist in diesem Zusammenhang mit **einfügen** zu übersetzen.)

Q(UIT : Dieses Kommando kennen wir bereits vom Filer; wir gelangen damit in die Hauptkommandoebene zurück und können dann den eingegebenen Text auf der Diskette abspeichern.

Wir besprechen nun zuerst das INSERT-Kommando, da wir schließlich Text einfügen wollen und es zudem auch noch nichts zu löschen gibt. Man gelangt in den INSERT-MODUS, indem man bei sichtbarer Editor-Kommandozeile die Taste **I** betätigt. Man kann dann ab Cursorposition Text eingeben. Betätigen wir eine Taste, so erscheint das zugehörige Zeichen auf dem Bildschirm und der Cursor wandert um eine Schreibposition weiter. Stellt man dabei einen Fehler fest, so kann man den links vom Cursor stehenden Buchstaben mit der Linkspfeil-Taste wieder auslöschen. Die Linkspfeil-Taste ist die einzige Pfeiltaste, die im Insert-Modus korrekt arbeitet. Betätigt man eine der anderen Pfeiltasten, so erscheint an der Cursorposition ein Fragezeichen und der Cursor wandert um eine Position weiter. Man gelangt mit dem Cursor in eine neue Zeile, indem man die RETURN-Taste betätigt. Dabei ist zu beobachten, daß der Cursor nicht unbedingt an den Anfang der neuen Zeile , sondern stets unter das erste Zeichen der vorhergehenden Zeile springt. Will man in der neuen Zeile weiter links mit dem Text beginnen, so muß man unmittelbar nach der RETURN-Taste die Linkspfeiltaste bedienen, um den Cursor an die richtige Stelle zu bringen.

Haben wir unseren Text vollständig eingegeben, so müssen wir den Insert-Modus verlassen. Dieses geschieht mit der Tastenkombination **ctrl-c**, die man dadurch eingibt, daß man zunächst die **control-Taste** drückt, um dann bei weiterhin gedrückter **control-Taste** die Taste **C** zu betätigen. Sodann erscheint wieder die Editor-Kommandozeile und wir können einen anderen Befehl aufrufen.

Es kann vorkommen, daß an einer Stelle des bereits eingegebenen Textes ein Wort oder ein Buchstaben oder gar ein ganzer Absatz vergessen wurde. In diesen Fällen muß der zusätzliche Text an der passenden Stelle eingefügt werden. Zuerst muß dann die Schreibmarke (der Cursor) mit Hilfe der Pfeiltasten an die richtige Textstelle gebracht werden. Wie bereits oben erwähnt arbeiten die Pfeiltasten nur dann richtig, wenn die Editor-Kommandozeile sichtbar ist. Ist das nicht der Fall, so geben wir zuvor die Tastenkombination **ctrl-c** ein.

Zu den **Pfeiltasten** muß man nun einiges sagen. Da der ältere Apple II+ nur die Links- und die Rechtspfeiltasten besitzt, müssen der Aufwärts- und der Abwärtspfeil auf andere Weise realisiert werden. Wie das geschieht, ist davon abhängig, wie das Pascal-System initialisiert wurde. Im Zweifelsfall sollte man es immer mit **ctrl-O** (Aufwärtspfeil) bzw. mit **ctrl-L** (Abwärtspfeil) versuchen. Beim Apple IIe/c kann man es mit den dafür vorgesehenen Pfeiltasten versuchen. Sollte weder das eine noch das andere funktionieren, so bleibt nichts anderes übrig, als das SETUP-Programm zu starten, das mit dem Pascal-System geliefert wird. Dazu lese man aber in den Original-Handbüchern nach.

Wurde der Cursor richtig positioniert, so kann der Insert-Modus aufgerufen und die Ergänzung eingefügt werden. Der Abschluß erfolgt wieder mit **ctrl-C.**

Stellt man einen Fehler im Text fest, so kann man diesen dadurch beseitigen, daß man, wie eben beschrieben, den Cursor an die betreffende Textstelle bringt, dann in den **Delete-Modus** geht, indem man bei sichtbarer Editor-Kommandozeile die Taste **D** drückt und dann das fehlerhafte Wort mit der Links- oder Rechtspfeiltaste löscht. Ganze Zeilen werden mit der **Return**-Taste gelöscht. Wurde alles gelöscht, so geht man mit **ctrl-C** aus dem Delete-Modus hinaus. Darauf kann man dann neue Einfügungen vornehmen oder an eine andere Stelle des Textes fahren, um dort ebenfalls etwas zu löschen oder einzufügen.

Ist auf die eben beschriebene Weise der Text vollständig eingegeben worden, so **der Editor verlassen** und der Text als **system.-wrk.text** auf der Diskette abgespeichert werden. Der Editor kann nur verlassen werden, wenn die Editor-Kommandozeile sichtbar ist. Im Zweifelsfalle betätigen wir zunächst die Tastenkombination ctrl-C. Anschließend drücken wir Q (Quit). Daraufhin erscheint auf dem Bildschirm die folgende Mitteilung:

```
QUIT:
     U(PDATE THE WORKFILE AND LEAVE
     E(XIT WITHOUT UPDATING
     R(ETURN TO THE EDITOR WITHOUT UPDATING
     W(RITE TO A FILE NAME AND RETURN
```

Frei übersetzt heißt das etwa:

```
VERLASSEN DES EDITORS:
     U= ARBEITSDATEI AUF NEUESTEN STAND BRINGEN
     E= VERLASSEN DES EDITORS OHNE NEU ABZUSPEICHERN
     R= RÜCKKEHR IN DEN EDITOR
     W= TEXT UNTER EINEM NAMEN ABSPEICHERN UND ZURÜCKKEHREN
```

Im Regelfall wird man die Option **U** anwählen, bei der unser Text unter dem Namen **system.wrk.text** auf der Diskette abgespeichert wird. Anschließend wird das Editor-Programm abgebrochen und die Hauptkommandozeile des Betriebssystems erscheint wieder auf dem Bildschirm.

A 1.4 **Übersetzen des Programmes und Programmstart**

Der eingegebene Programmtext muß compiliert (übersetzt) werden, damit ein ausführbares Programm entsteht. Dazu wird einfach die Taste **R** für Run betätigt (die Hauptkommandozeile (beginnt mit COMMAND:) muß sichtbar sein!).

War die Arbeitsdatei bereits übersetzt, so wird das übersetzte Programm einfach gestartet. Liegt keine übersetzte Version der Arbeitsdatei vor, so wird zuerst der Compiler gestartet, der den Text **System.wrk.text** in den p-Code übersetzt und dabei die Datei **system.wrk.code** anlegt. Wenn alles gut geht, wird das Programm anschließend zur Ausführung gebracht.

Es wird aber andererseits häufig passieren, daß der Compiler in unserem Text einen Fehler entdeckt. Dieser muß dann mit Hilfe des Editor-Programmes beseitigt werden. Anschließend starten wir einen neuen Compilationsversuch. Häufig wird sich ein Wechselspiel zwischen Editoraufruf und Compileraufruf abspielen. Da der Compilationsvorgang u.U. ziemlich viel Zeit erfordert ist das beste Hilfsmittel gegen zu lange Wartezeiten ein korrekt geschriebener Programmtext. Es sei darauf hingewiesen, daß der Compiler nicht feststellen kann, ob unser Programm inhaltlich korrekt ist, der Compiler entdeckt höchstens Verstöße gegen die Grammatik der Programmiersprache Pascal.

A 1.5 Abspeichern eines Programmes auf einer Diskette

Wenn ein Programm vollständig ausgetestet ist, wird man es auf einer eigenen Programmdiskette abspeichern wollen, um später darauf zurückgreifen zu können. Dazu wird der Filer aufgerufen, was bei sichtbarer Hauptkommandozeile durch Betätigung der Taste **F** geschieht. Der Filer meldet sich mit der bereits oben erwähnten Filer-Kommandozeile. Danach wird die Option **S** (für S(ave=Sichern) angewählt und der Filer fragt:

SAVE AS?

Wir geben nun den Namen an, unter dem das Programm (textfile und codefile) abgespeichert werden sollen, etwa "PROGRAMM1". Der Name darf maximal 10 Buchstaben enthalten.

In der eben angegebenen Form wird das Programm auf der Systemdiskette in Laufwerk 1 in den beiden Dateien **PROGRAMM1.TEXT** und **PROGRAMM1.CODE** abgespeichert. Da meistens auf dieser Diskette relativ wenig Platz zur Verfügung steht ist es besser, das fertige Programm auf eine anderen Diskette zu sichern. Die andere Diskette wird in das Laufwerk 2 des Computers eingelegt. Die Frage "Save as?" wird jetzt mit **#5:PROGRAMM1** beantwortet. Dabei ist #5: die "Telefonnummer" des zweiten Diskettenlaufwerkes. Das erste Laufwerk kann mit #4: angesprochen werden. (Der Doppelpunkt ist wesentlich!)

Nach dem Anlegen einer Sicherungskopie des Programmes kann die Arbeit an einem neuen Programm aufgenommen werden. Dazu verfahren wir wie oben beschrieben. Es kann aber auch sein, daß unser Programm noch um einige Zeilen ergänzt werden soll. Dann verlassen wir den Filer einfach durch Betätigung der Taste **Q** und starten den Editor von der Hauptkommandoebene aus durch Drücken der Taste **E**. Liegt, wie in diesem Falle, eine Arbeitsdatei vor, so wird diese automatisch eingelesen und wir können mit Hilfe der Editor-Kommandos die Ergänzungen einfügen.

Für nähere Informationen vergleiche man mit den Originalhandbüchern. Es sei im übrigen darauf hingewiesen, daß man die notwendige Abfolge der Befehle am besten dadurch erlernt, daß man sich die vorliegende Kurzbeschreibung vornimmt und sämtliche Befehle direkt am Rechner ausprobiert.

Hinweis: Um mit der Murmeltierwelt arbeiten zu können ist es notwendig, die UNIT murmeltierwelt in die System-Bibliothek einzubinden. Ein fertiges Programm dazu befindet sich auf der mitgelieferten Diskette.

A 2 Arbeiten mit Turbo-Pascal

Im folgenden soll ein kurzer Überblick über die Besonderheiten beim Arbeiten mit Turbo-Pascal gegeben werden.

A 2.1 Starten des Systems

Unter Turbo-Pascal kann man auch mit einem System arbeiten, das nur ein Diskettenlaufwerk enthält. Zum Starten legt man in Laufwerk A: eine Diskette, die das Betriebssystem (CP/M oder MS-DOS), sowie die Dateien, die zum Turbo-Pascal gehören, enthalten muß. Dann startet man den Rechner. Das Betriebssystem wird geladen und nach einiger Zeit erscheint auf dem Bildschirm die Meldung, daß das System betriebsbereit ist. Dieses erkennt man an der Meldung **A:**. Man gibt nun die Zeichenfolge **TURBO** ein und schließt diese Eingabe mit der Return-Taste ab (Siehe Bild A.1). Es erscheint dann die Meldung des Turbo-Pascals und die Frage

INCLUDE ERROR MESSAGES ? (Y/N),

was soviel heißt wie

SOLLEN AUCH DIE FEHLERMELDUNGEN GELADEN WERDEN ?

Man sollte diese Frage als Anfänger stets mit **Y** beantworten, da dann der Compiler (das Programm, das unsere Pascal-Programme in die Sprache des Rechners übersetzt) beim Auftreten von Fehlern entsprechende Fehlermeldungen ausgeben kann.

A 2.2 Anlegen einer neuen Programmdatei

Nach dem Starten von Turbo-Pascal und dem Laden der Fehlermeldungen hat verschiedene Möglichkeiten: Man kann mit einem existierenden Programmtext arbeiten oder auch eine vollkommen neue Datei anlegen. Dazu betätigt man die Taste **E**, die den **Editor** aufruft.

Beim Editor handelt es sich um ein Textverarbeitungsprogramm, das dazu dient, Programmtexte zu erstellen und zu verändern.

Nachdem man **E** gedrückt hat, fragt das Turbo Pascal System

Work file name:

und wir müssen den Namen einer existierenden Datei oder einen neuen Namen eingeben. Die Eingabe wird mit der Return-Taste abgeschlossen. Haben wir den Namen einer existierenden Datei eingegeben, so wird diese Datei in den Arbeitsspeicher des Rechners geladen und das Editor-Programm gestartet. Anderenfalls erscheint die Mitteilung, daß es sich um ein neues Programm handelt. Daraufhin wird das Editorprogramm gestartet. Man sieht dann entweder den Text des eingeladenen Programmes auf dem Schirm oder einen leeren Bildschirm, wenn eine neue Datei angegeben wurde. In der ersten Bildschirmzeile finden sich der Name der gerade in Arbeit befindlichen Datei und Informationen über den Zustand des Editors.

A 2.3 Die Editor-Kommandos

Wir können direkt mit der Eingabe des Textes beginnen. Dazu betätigen wir eine Taste und das zugehörige Zeichen erscheint auf dem Bildschirm an der Cursorposition (der **Cursor** ist das blinkende Rechteck oder der blinkende Strich; statt "Cursor" findet man auch die Bezeichnung "Schreibmarke") und der Curwsor wandert um eine Schreibposition weiter.

Soll in einer neuen Zeile weitergeschrieben werden, so betätigen wir einfach die Return-Taste und der Cursor wandert an den Anfang der nächsten Zeile.

Stellen wir fest, daß das gerade geschriebene Zeichen falsch war, so betätigen wir die **Del**-Taste; das ist je nach Rechnertyp bzw. angeschlossener Tastatur eine Taste mit dieser Bezeichnung oder eine Taste, auf der ein Linkspfeil dargestellt ist. Bei manchen MS-DOS-Rechnern muß man beachten, daß es zwei Linkspfeiltasten gibt, die jeweils unterschiedliche Funktionen haben. Mit den Pfeiltasten des Nummernblocks kann der Cursor frei auf dem Bildschirm bewegt werden, während die Linkspfeiltaste in der rechten oberen Ecke der Hauptastatur dazu dient, das Zeichen links vom Cursor zu löschen. Im Zweifelsfalle mache man einfach einige Versuche mit den entsprechenden Tasten, um die jeweilige Funktion zu erschließen.

Stellt man fest, daß der Text einen Fehler enthält, so muß man den Cursor an die betreffende Textstelle bewegen, um den Fehler beseitigen zu können. Dazu gibt es verschiedene Cursor-Steuerbefehle, die im folgenden einfach aufgelistet werden. Es werden in Klammern die Alternativen angegeben, die man normalerweise bei MS-DOS-Rechnern vorfindet. Die nicht eingeklammerten Befehle arbeiten in jedem Fall:

Ein Zeichen links : **ctrl-S (Linkspfeiltaste des Ziffernblockes)**

Ein Zeichen rechts: ctrl-D (Rechtspfeiltaste des Ziffernb.)

Eine Zeile hoch : **ctrl-E** (Aufwärtspfeil)

Eine Zeile runter : **ctrl-X** (Abwärtspfeil)

Man beachte, daß die entsprechenden Tasten kreuzförmig angeordnet sind. So gibt die Lage der Tasten S, D, E und X auch Auskunft darüber, in welche Richtung sich der Cursor bewegt, wenn man den entsprechenden Control-Befehl eingibt.

Es gibt noch weitere hilfreiche Cursor-Befehle, die zur Bewegung des Cursors über größere Strecken dienen:

Ein Wort nach links : **ctrl-A**

Ein Wort nach rechts: **ctrl-F**

Zum Zeilenanfang : **ctrl-Q S** (**Home**)

Zum Zeilenende : **ctrl-Q D** (**End**)

Eine Seite vorwärts : **ctrl-C** (**PgDn**) (Page Down)

Eine Seite zurück : **ctrl-R** (**PgUp**) (Page Up)

Zum Textanfang : **ctrl-Q R**

Zum Textende : **ctrl-Q C**

Man beachte wieder die Anordnung der Tasten auf der Tastatur!

Hat man den Cursor mit Hilfe dieser Befehle an die richtige Textstelle bewegt, so kann man daran gehen, den Fehler zu beseitigen. Besteht er darin, daß man ein Wort oder einen Buchstaben vergessen hat, so kann man das betreffende Zeichen einfach eingeben; innerhalb der Textzeile wird das neue Zeichen eingefügt und der existierende Text ab Cursorposition nach rechts geschoben, um Platz für die neuen Zeichen zu machen. (Man beachte aber, daß man in Turbo-Pascal zwischen Einfüge- und Überschreibmodus umschalten kann. Dieses geschieht mit **ctrl-V** und wir in der ersten Bildschirmzeile angezeigt. Im Überschreibmodus werden die Zeichen nicht nach rechts geschoben, sondern man überschreibt den existierenden Text.)

Muß man ein oder mehrere **Zeichen löschen**, so bedient man sich der folgenden Löschbefehle:

Ein Zeichen rechts vom Cursor : **ctrl-G**

Alle Zeichen rechts vom Cursor
bis zum nächsten Leerzeichen : **ctrl-T**

Alle Zeichen rechts vom Cursor
bis zum Zeilenende : **ctrl-Q Y**

Ein Zeichen links vom Cursor : **Del**-Taste

Eine ganze Zeile : **ctrl-Y**

Will man übrigens eine Zeile neu einfügen, so geht man an den Anfang derjenigen Zeile, vor der man einfügen möchte und betätigt die Tastenkombination **ctrl-N**.

Am besten lernt man diese Befehle kennen, indem man einen beliebigen Text (es muß sich dabei nicht unbedingt um einen Programmtext handeln) eingibt, sich dann die vorliegende Liste der Befehle vornimmt und ein wenig mit den Befehlen experimentiert. Nach einiger Zeit beherrscht man diese Befehle ohne jedesmal darüber nachzudenken. Insofern hat die Erlernung der Editor-Kommandos viel zu tun mit dem Erlernen des Autofahrens. In der ersten Zeit muß man sich sehr auf die einzelnen Handlungen (Kupplung treten, Schalten, etc.) konzentrieren, aber nach einer gewissen Zeit ist es nicht mehr notwendig, über jeden einzelnen Befehl gesondert nachzudenken.

A 2.4 Abspeichern des Programmtextes

Bevor der eingegebene Text abgespeichert werden kann, muß das Editor-Programm verlassen werden. Dieses bewirkt man durch die Tastenkombination **ctrl-K D.** Wird dann die Taste **S** (für Save=Sichern) gedrückt, so wird der eingegebene Text auf der Diskette abgespeichert.

A 2.5 Übersetzen des Programmes

Anschließend kann der **Compiler** gestartet werden, der dann beginnt, den Text in die Sprache des Rechners zu übersetzen. Handelt es sich um ein korrektes Pascal-Programm, so wird der Compilerlauf normal beendet und man kann dann das Programm mit der Taste **R** starten (R=Run). Findet der Compiler einen Fehler im Programmtext, so unterbricht er seine Arbeit mit einer entsprechenden Fehlermeldung. Der Fehler muß dann vor einem neuen Compilerlauf berichtigt werden.

Es empfiehlt sich immer, vor dem Starten eines neuen Programmes den zugehörigen Programmtext zu sichern, da man ein Programm geschrieben haben könnte, das endlos läuft. Stoppt man den Lauf eines solchen Programmes durch Unterbrechung der Stromzufuhr, so ist der eingegebene Text verloren. Aus diesem Grunde empfiehlt sich beim Ausstieg aus dem Editorprogramm die Tastenfolge

ctrl-K D S

durch die der Editor verlassen und gleichzeitig der eingegebene Text auf der Diskette abgespeichert wird.

Eine ausführliche Beschreibung der Editor-Kommandos, sowie weiterer Kommandos, findet man in dem ausgezeichneten Handbuch zum Turbo-Pascal der Firma Borland.

A 2.6 Arbeiten mit der Murmeltierwelt

Will man ein Program für die Murmeltierwelt übersetzen, so muß sich die Datei **murmel.pas** auf einer Diskette befinden, die im Zugriff des Rechners ist. Liegt die Datei **murmel.pas** auf der Diskette in Laufwerk A, so muß im Programmtext nach dem Programmkopf die Zeile

```
(*$I A:MURMEL.PAS*)
```

eingefügt werden. Befindet sich diese Datei auf einer Diskette in einem anderen Laufwerk, so muß die zugehörige Laufwerksbezeichnung ebenfalls angegebenwerden. Die einzufügende Zeile lautet dann etwa

```
(*$I B:MURMEL.PAS*)
```

wenn sich diese Datei auf der Diskette in Laufwerk B befindet.

Der Programmkopf für ein Murmelprogramm sieht dann wie folgt aus:

```
PROGRAM murmel_im_Labyrinth;
(*$I B:MURMEL.PAS *)
```

Danach folgen die Prozeduren und Funktionen. Mehr muß beim Arbeiten mit der Murmeltierwelt nicht beachtet werden.

Literaturverzeichnis

Baumann,R.	Informatik mit PASCAL Stuttgart: Klett 1981
Claus, V.:	Einführung in die Informatik. Stuttgart: Teubner 1975
Cohors-Fresenborg,E.:	Mathematik mit Kalkülen und Maschinen. Braunschweig: Vieweg 1975
Hermes, H.:	Aufzählbarkeit Entscheidbarkeit Berechenbarkeit. Berlin Heidelberg New York:Springer 1978 (3.Auflage)
Hesse, H.:	Das Glasperlenspiel. Frankfurt: Suhrkamp
Hofstadter, D.R.:	Gödel, Escher, Bach: Ein Endloses Geflochtenes Band. Stuttgart: Klett-Cotta 1985
Pattis, R.E.:	Karel The Robot - A Gentle Introduction to the Art of Programming. New York: John Wiley & Sons 1981
Oppor, L.:	Das Hamstermodell. Bonn GMD 1983
Oppor, L.:	Spielend Programmieren lernen mit dem Hamster- modell für ELAN. In: LOG IN 5(1985) H.2,S.32-35
Pinke, H.:	Einführung in PASCAL mit Hilfe der Hamsterwelt. In: LOG IN 4(1985) H.4, S.39-44
Wirth, N.:	Algorithmen und Datenstrukturen. Stuttgart: Teubner 1979

Sachwortverzeichnis